ISBN 978-1-7320008-3-4

Published by

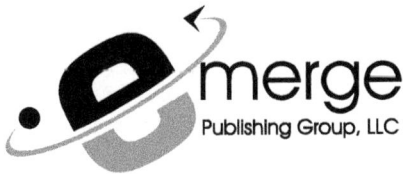

merge
Publishing Group, LLC

Emerge Publishing Group, LLC
Riviera Beach, FL
www.emergepublishers.com
561.601.0349

Ann McNeill 2018
The McNeill Factor Journal

Printed in the United States of America

My Daily Journey

1

Day: _____ Date: _____

Time: _____ Location: _____

_____
_____
_____
_____
_____
_____
_____
_____
_____
_____
_____
_____
_____
_____
_____
_____
_____
_____
_____
_____
_____
_____
_____
_____

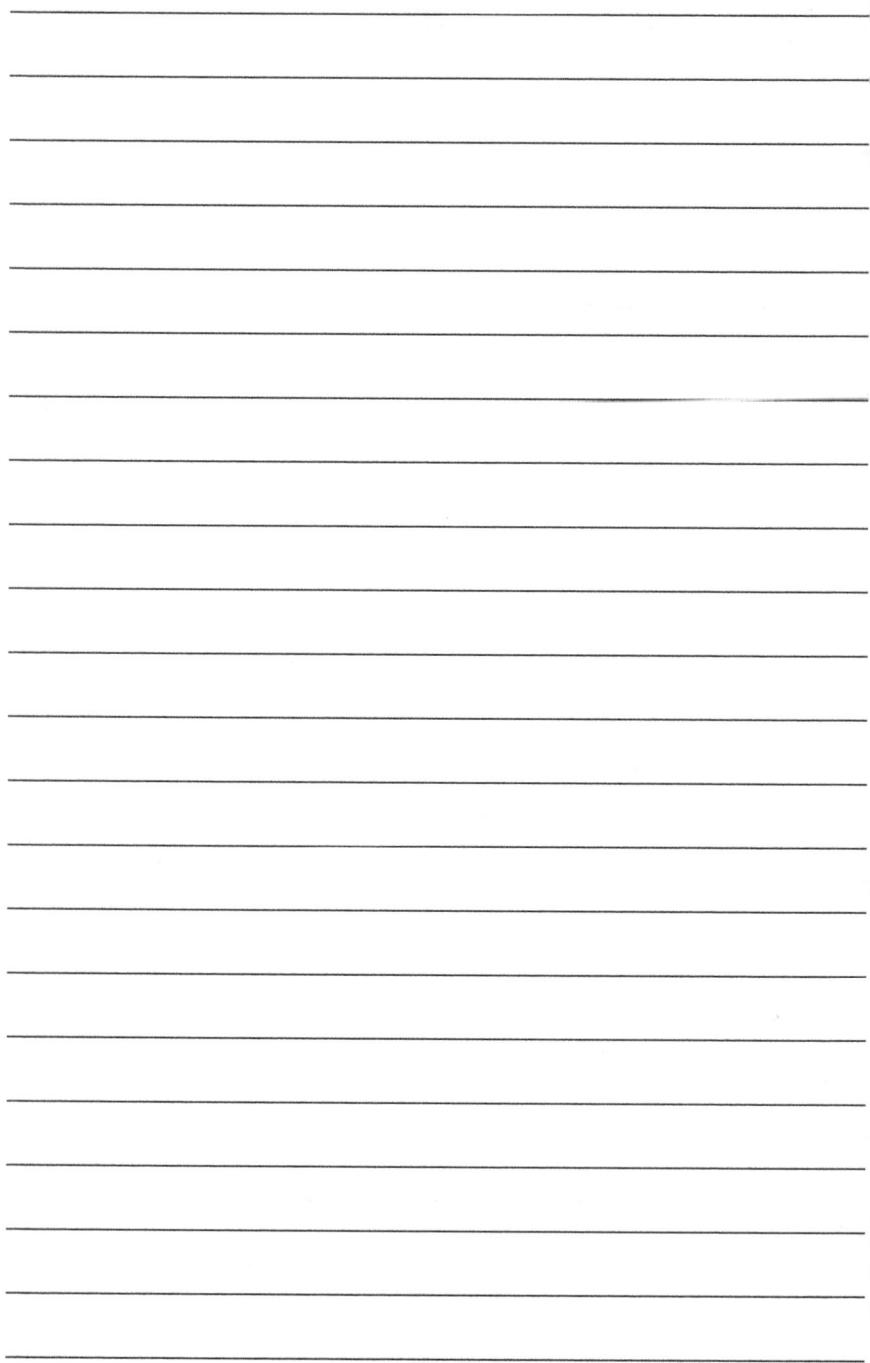

Opportunities:

_____
_____
_____
_____
_____
_____
_____
_____
_____

Lessons Learned:

_____
_____
_____
_____
_____
_____
_____
_____
_____

I'm Thankful For . . .:

_____

_____

_____

_____

_____

_____

_____

_____

_____

Desires of My Heart:

_____

_____

_____

_____

_____

_____

_____

_____

_____

_____

My Daily Journey

2

Day: _____ Date: _____

Time: _____ Location: _____

_____
_____
_____
_____
_____
_____
_____
_____
_____
_____
_____
_____
_____
_____
_____
_____
_____
_____
_____
_____
_____
_____
_____
_____

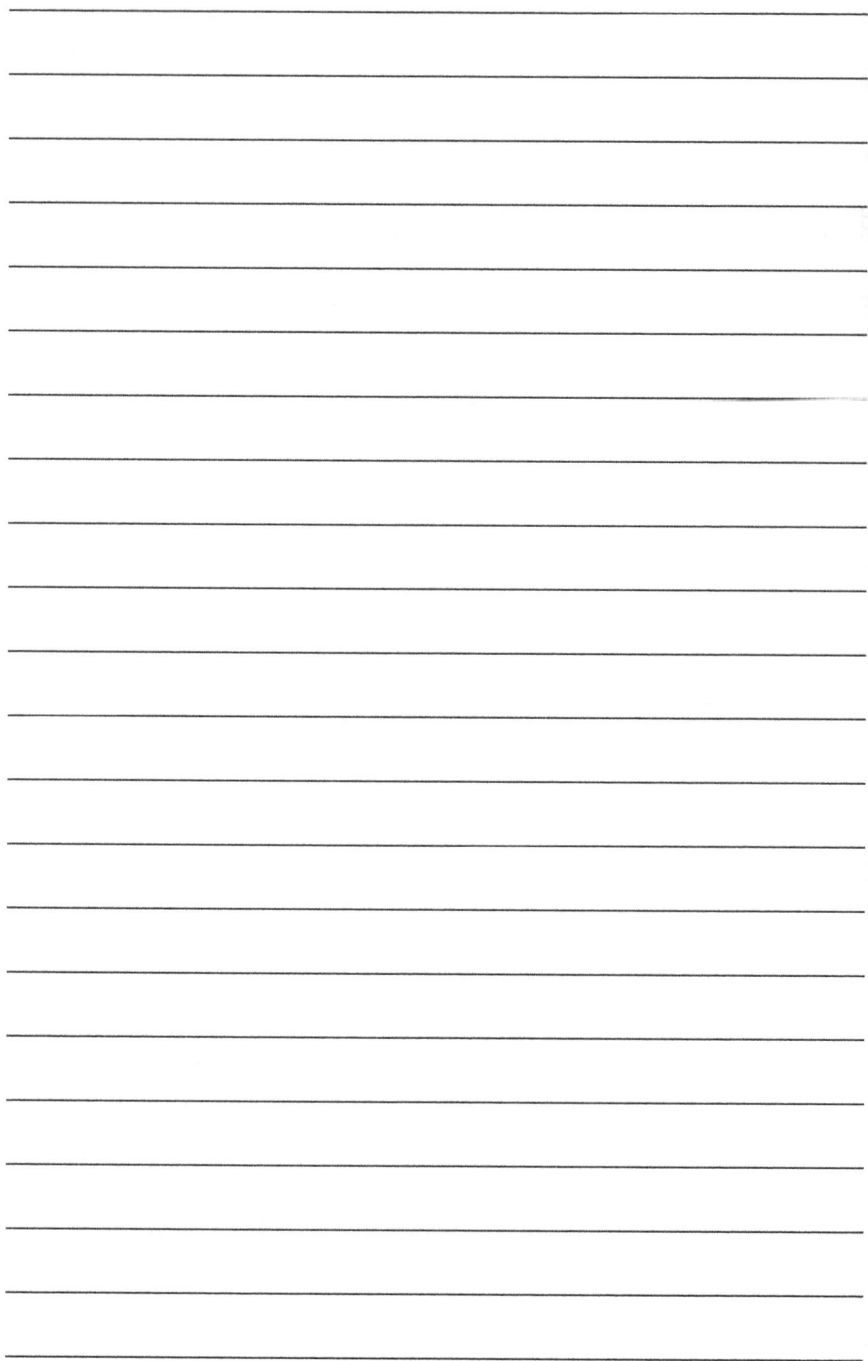

Opportunities:

_____

_____

_____

_____

_____

_____

_____

_____

_____

_____

Lessons Learned:

_____

_____

_____

_____

_____

_____

_____

_____

_____

_____

I'm Thankful For . . .:

_____

_____

_____

_____

_____

_____

_____

_____

_____

Desires of My Heart:

_____

_____

_____

_____

_____

_____

_____

_____

_____

_____

My Daily Journey

3

Day: _____ Date: _____

Time: _____ Location: _____

_____

_____

_____

_____

_____

_____

_____

_____

_____

_____

_____

_____

_____

_____

_____

_____

_____

_____

_____

_____

_____

_____

_____

_____

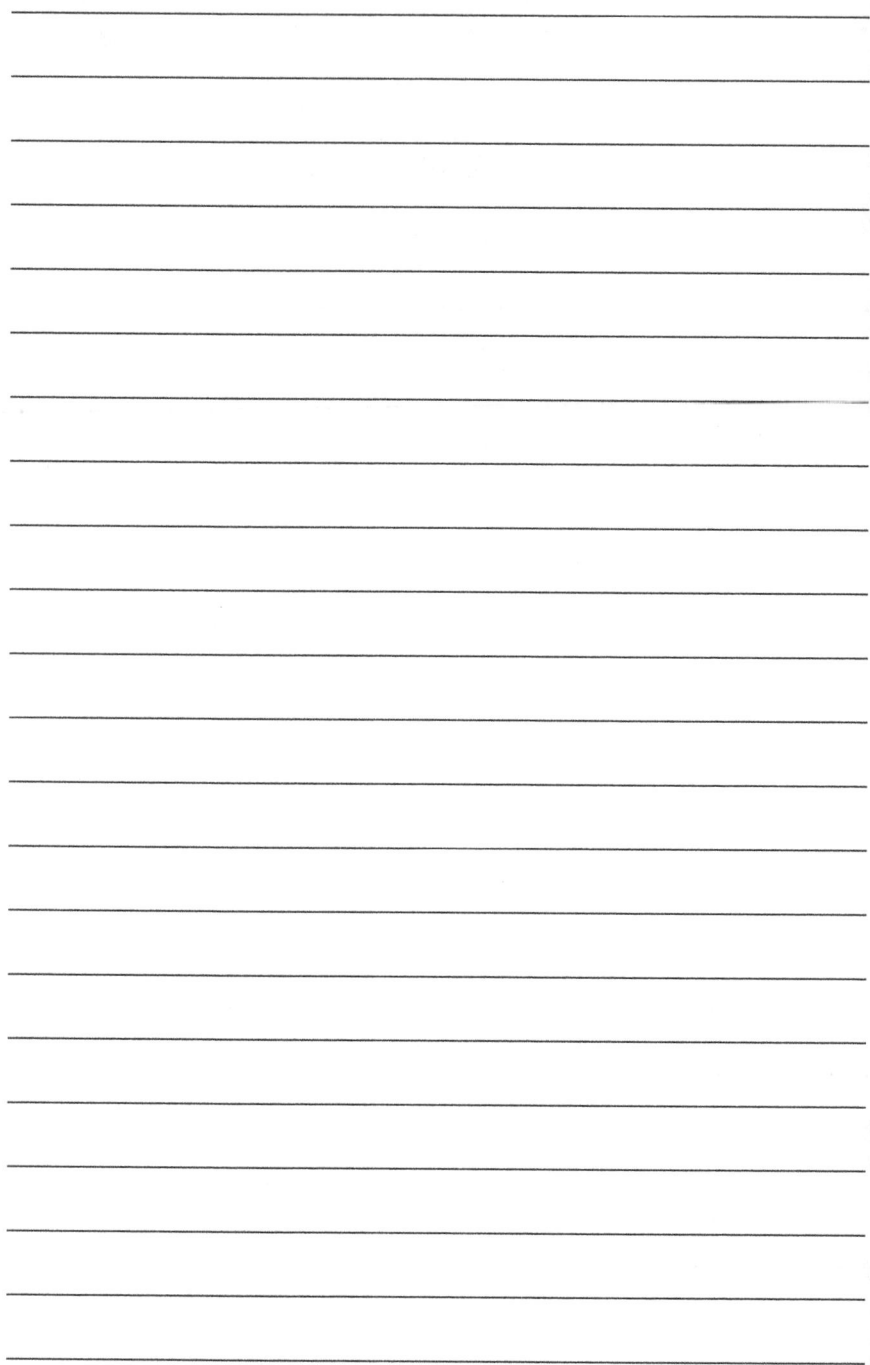

Opportunities:

_____

_____

_____

_____

_____

_____

_____

_____

_____

Lessons Learned:

_____

_____

_____

_____

_____

_____

_____

_____

_____

I'm Thankful For . . .:

_____

_____

_____

_____

_____

_____

_____

_____

Desires of My Heart:

_____

_____

_____

_____

_____

_____

_____

_____

_____

My Daily Journey 4

Day: _____ Date:_____

Time: _____ Location:_____

_____

_____

_____

_____

_____

_____

_____

_____

_____

_____

_____

_____

_____

_____

_____

_____

_____

_____

_____

_____

_____

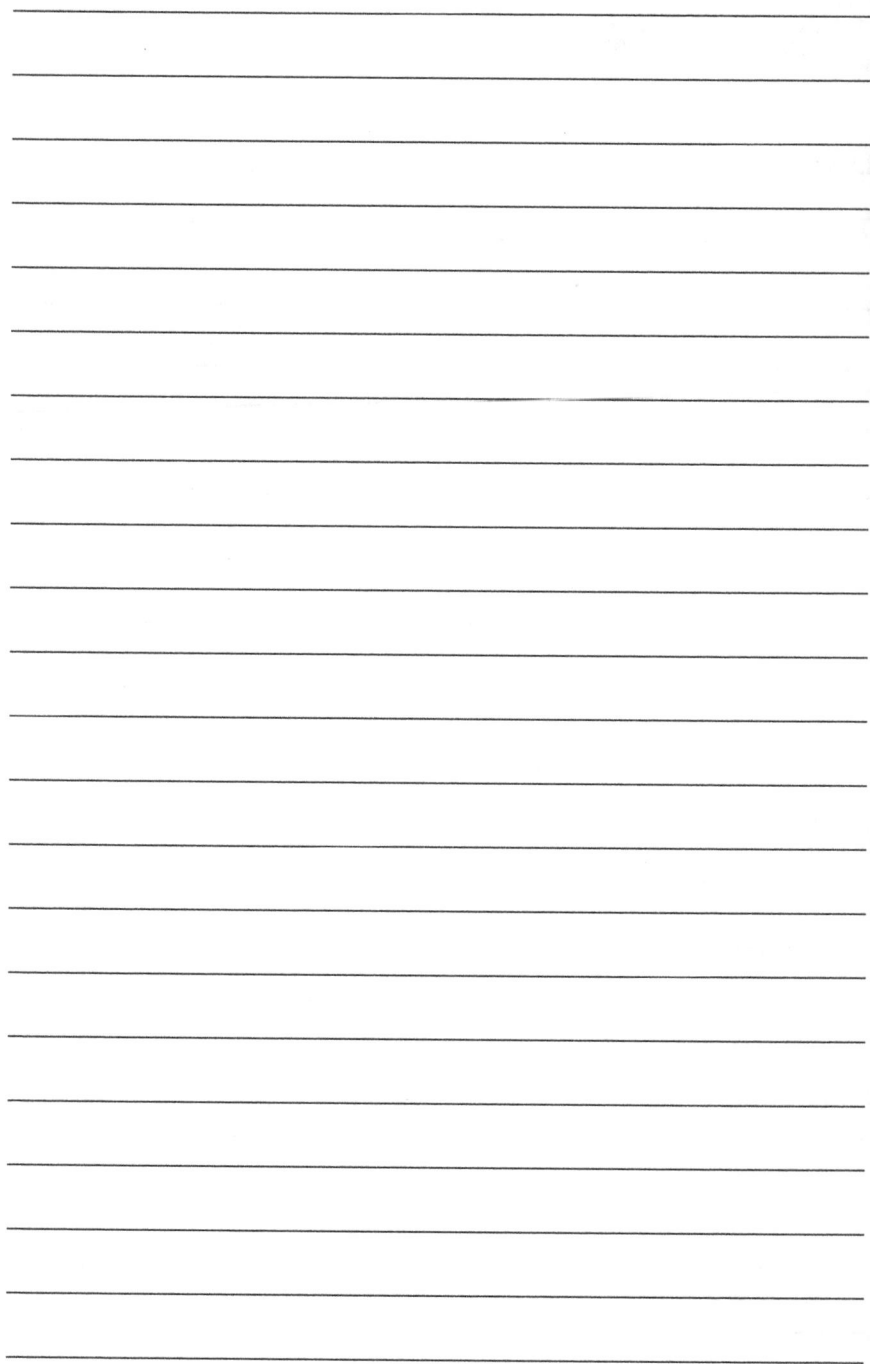

Opportunities:

_____

_____

_____

_____

_____

_____

_____

_____

_____

Lessons Learned:

_____

_____

_____

_____

_____

_____

_____

_____

_____

I'm Thankful For . . .:

_____

_____

_____

_____

_____

_____

_____

Desires of My Heart:

_____

_____

_____

_____

_____

_____

_____

_____

_____

My Daily Journey

5

Day: _____ Date: _____

Time: _____ Location: _____

_____

_____

_____

_____

_____

_____

_____

_____

_____

_____

_____

_____

_____

_____

_____

_____

_____

_____

_____

_____

_____

_____

_____

_____

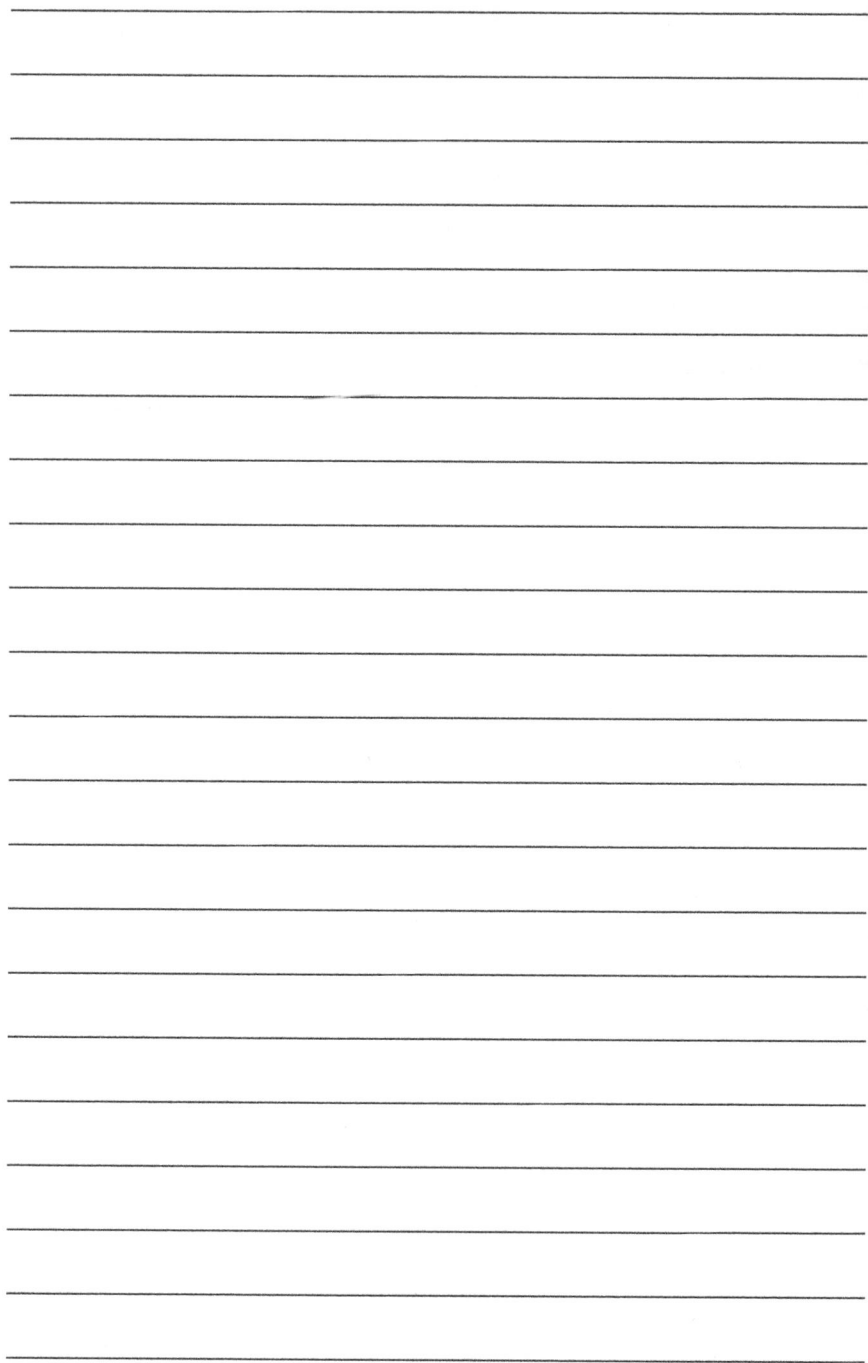

Opportunities:

_____

_____

_____

_____

_____

_____

_____

_____

_____

Lessons Learned:

_____

_____

_____

_____

_____

_____

_____

_____

_____

I'm Thankful For . . .:

_____

_____

_____

_____

_____

_____

_____

_____

Desires of My Heart:

_____

_____

_____

_____

_____

_____

_____

_____

My Daily Journey

6

Day: _____ Date: _____

Time: _____ Location: _____

_____

_____

_____

_____

_____

_____

_____

_____

_____

_____

_____

_____

_____

_____

_____

_____

_____

_____

_____

_____

_____

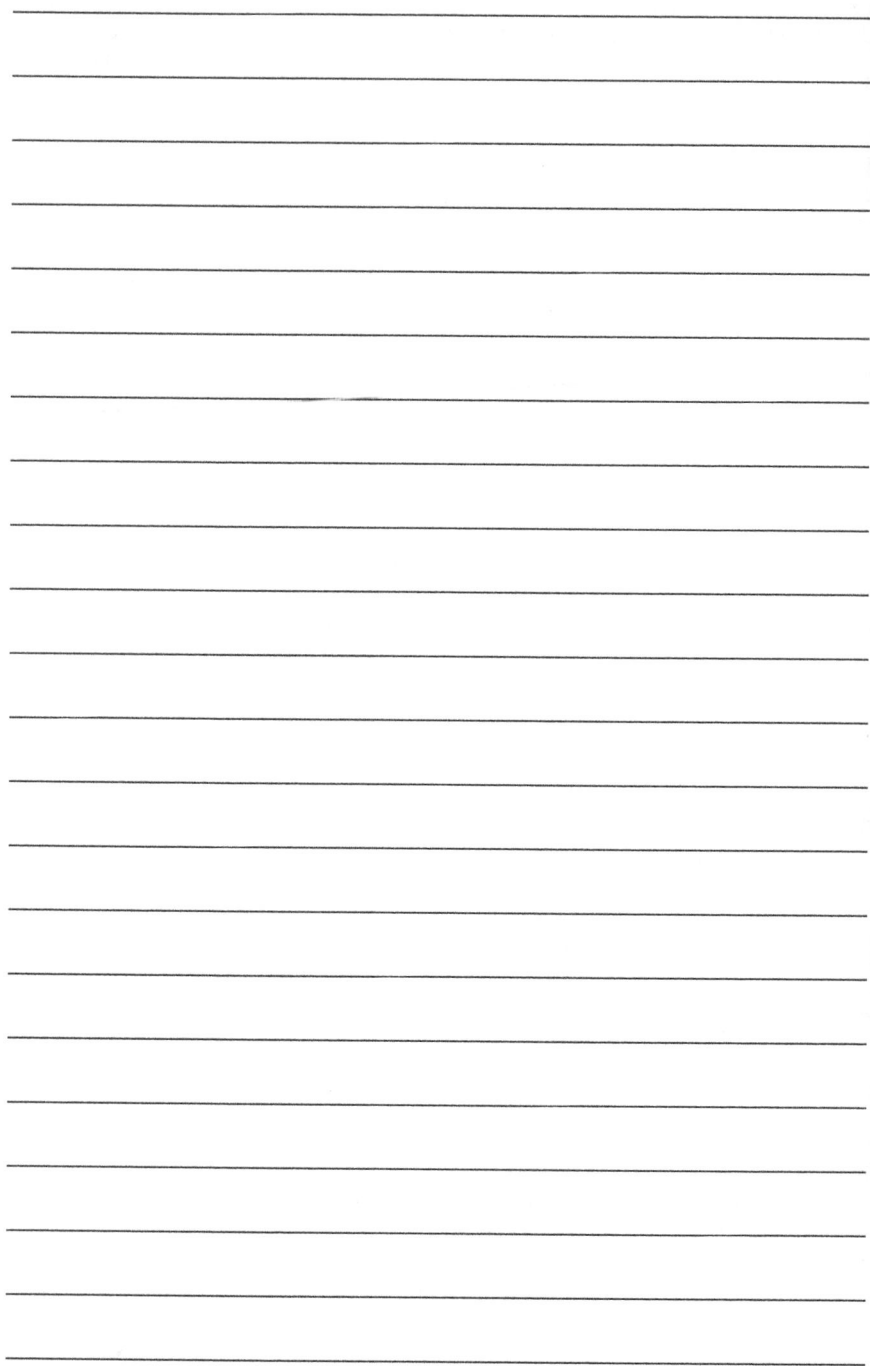

Opportunities:

_____

_____

_____

_____

_____

_____

_____

_____

_____

Lessons Learned:

_____

_____

_____

_____

_____

_____

_____

_____

_____

I'm Thankful For . . .:

_____

_____

_____

_____

_____

_____

_____

_____

Desires of My Heart:

_____

_____

_____

_____

_____

_____

_____

_____

_____

My Daily Journey

7

Day: _____ Date: _____

Time: _____ Location: _____

_____
_____
_____
_____
_____
_____
_____
_____
_____
_____
_____
_____
_____
_____
_____
_____
_____
_____
_____
_____
_____
_____
_____

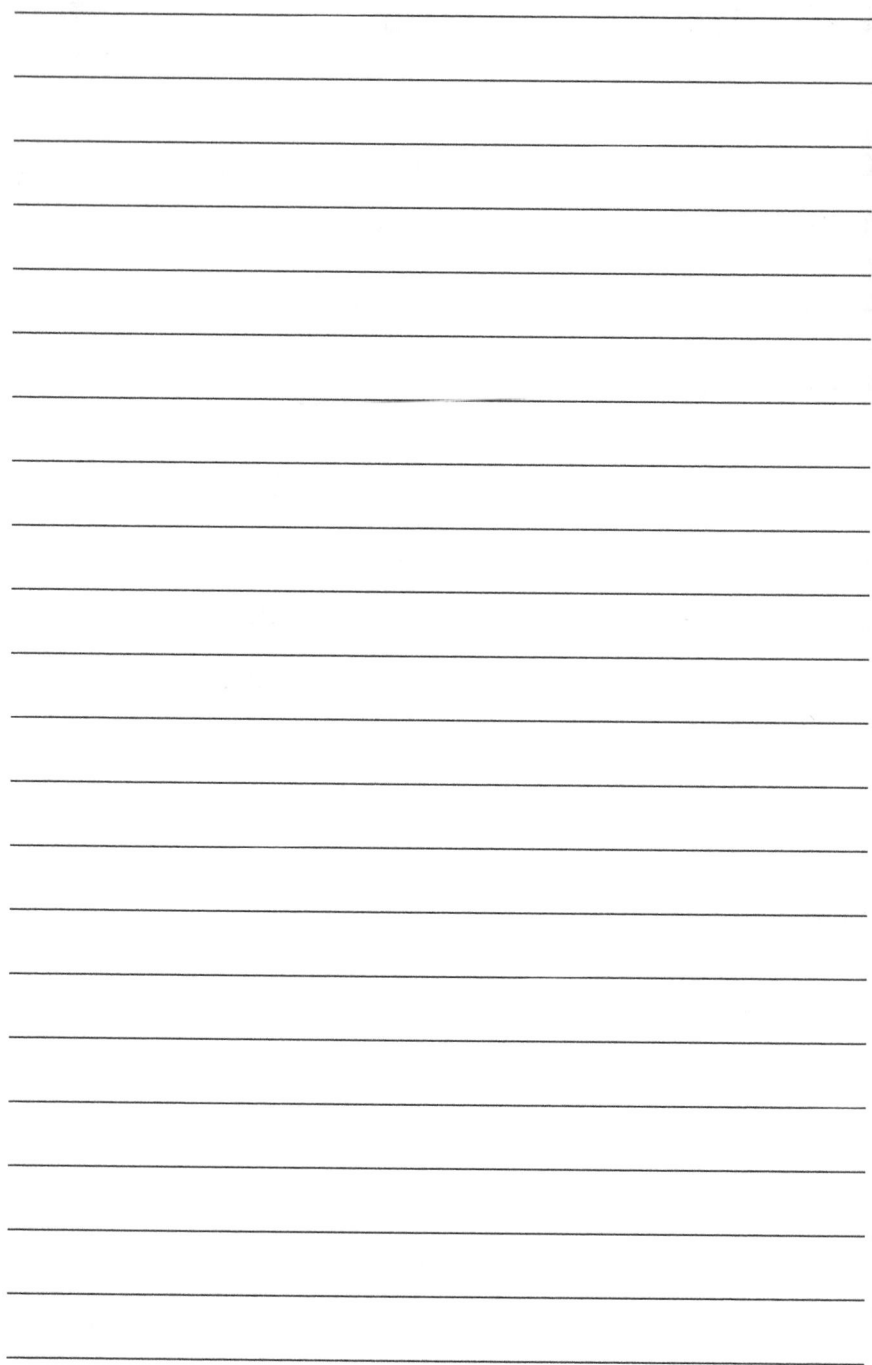

Opportunities:

_____

_____

_____

_____

_____

_____

_____

_____

_____

Lessons Learned:

_____

_____

_____

_____

_____

_____

_____

_____

_____

I'm Thankful For . . .:

_____

_____

_____

_____

_____

_____

_____

_____

Desires of My Heart:

_____

_____

_____

_____

_____

_____

_____

_____

My Daily Journey

8

Day: _____ Date:_____

Time: _____ Location:_____

_____

_____

_____

_____

_____

_____

_____

_____

_____

_____

_____

_____

_____

_____

_____

_____

_____

_____

_____

_____

_____

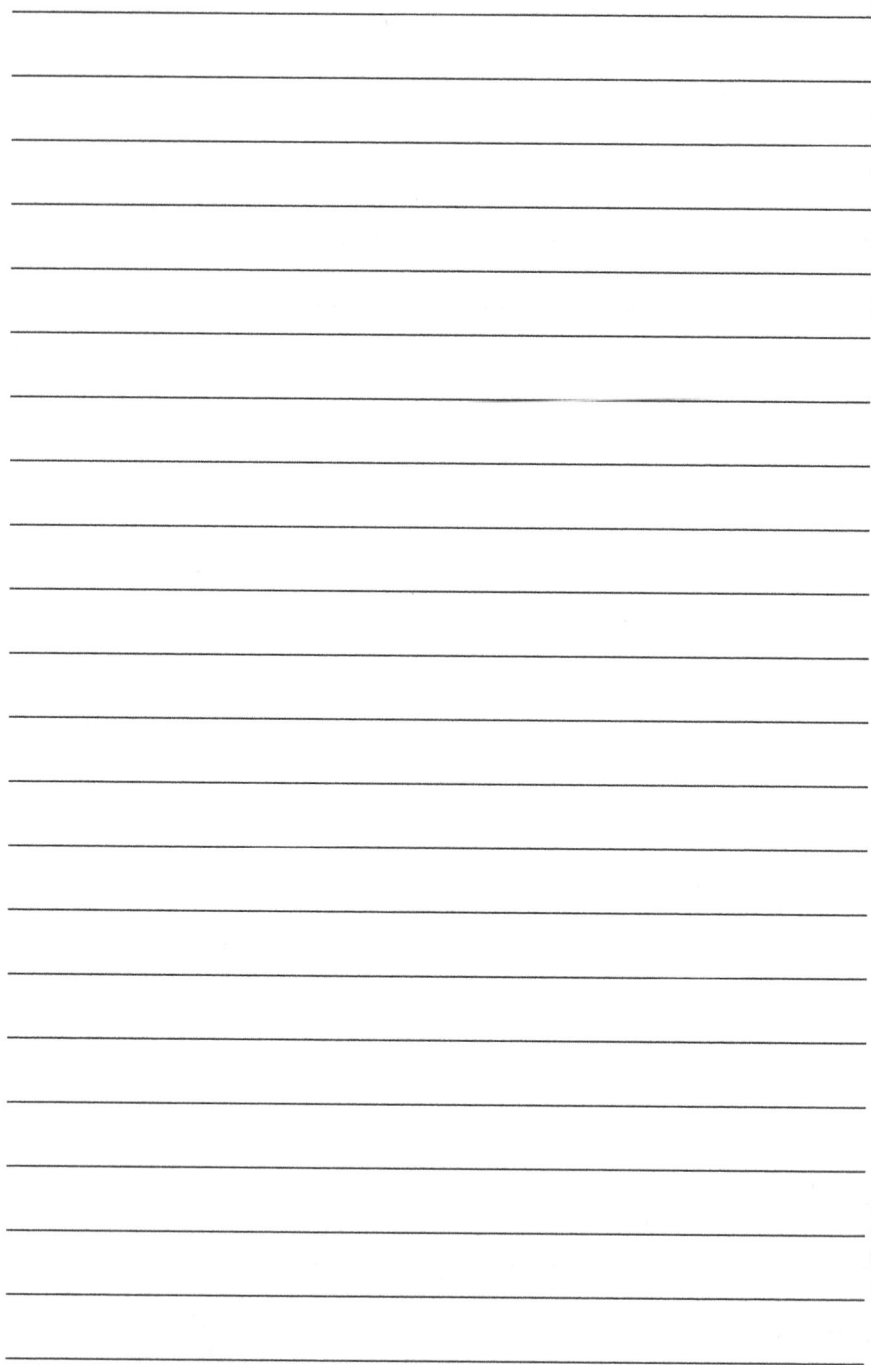

Opportunities:

_____

_____

_____

_____

_____

_____

_____

_____

_____

Lessons Learned:

_____

_____

_____

_____

_____

_____

_____

_____

_____

I'm Thankful For . . .:

_____

_____

_____

_____

_____

_____

_____

_____

_____

Desires of My Heart:

_____

_____

_____

_____

_____

_____

_____

_____

_____

My Daily Journey

9

Day: _____ Date: _____

Time: _____ Location: _____

_____

_____

_____

_____

_____

_____

_____

_____

_____

_____

_____

_____

_____

_____

_____

_____

_____

_____

_____

_____

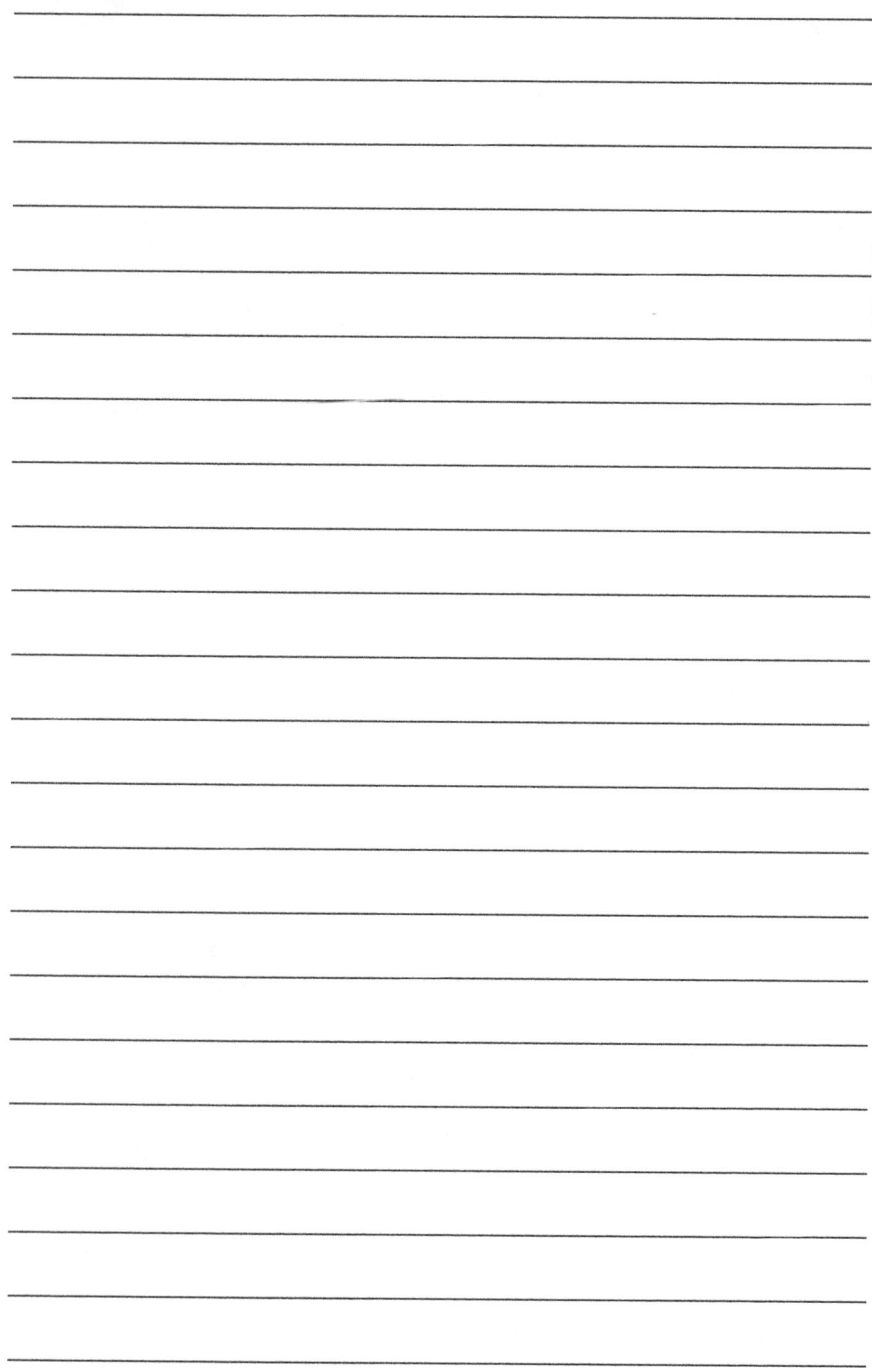

Opportunities:

_____

_____

_____

_____

_____

_____

_____

_____

_____

Lessons Learned:

_____

_____

_____

_____

_____

_____

_____

_____

_____

I'm Thankful For . . .:

_____

_____

_____

_____

_____

_____

_____

_____

Desires of My Heart:

_____

_____

_____

_____

_____

_____

_____

_____

_____

My Daily Journey 10

Day: _____Date:_____

Time: _____Location:_____

_____
_____
_____
_____
_____
_____
_____
_____
_____
_____
_____
_____
_____
_____
_____
_____
_____
_____
_____
_____
_____
_____

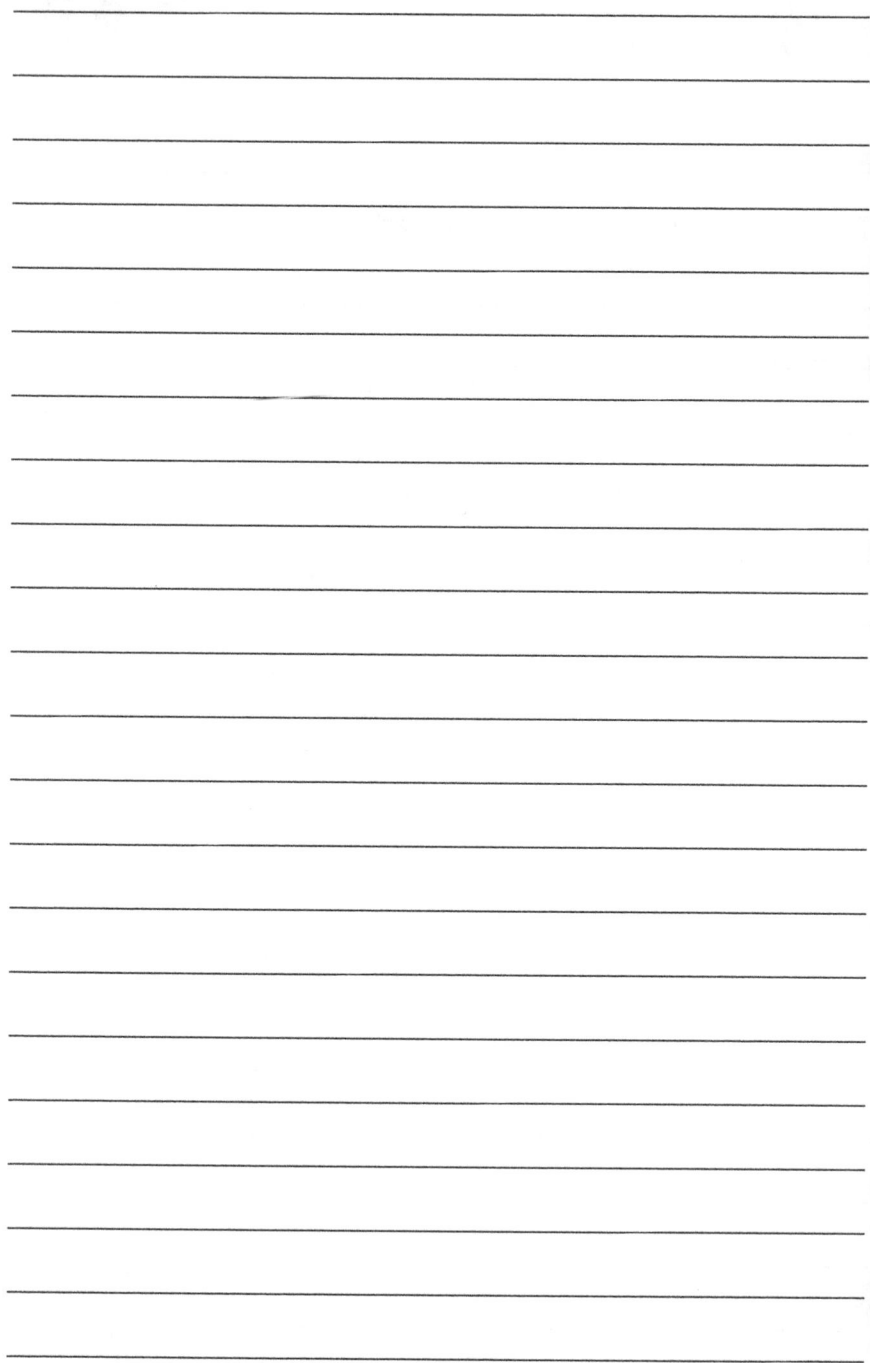

Opportunities:

_____
_____
_____
_____
_____
_____
_____
_____
_____
_____

Lessons Learned:

_____
_____
_____
_____
_____
_____
_____
_____
_____
_____
_____

I'm Thankful For . . .:

_____

_____

_____

_____

_____

_____

_____

_____

_____

Desires of My Heart:

_____

_____

_____

_____

_____

_____

_____

_____

_____

My Daily Journey

11

Day: _____ Date: _____

Time: _____ Location: _____

_____

_____

_____

_____

_____

_____

_____

_____

_____

_____

_____

_____

_____

_____

_____

_____

_____

_____

_____

_____

_____

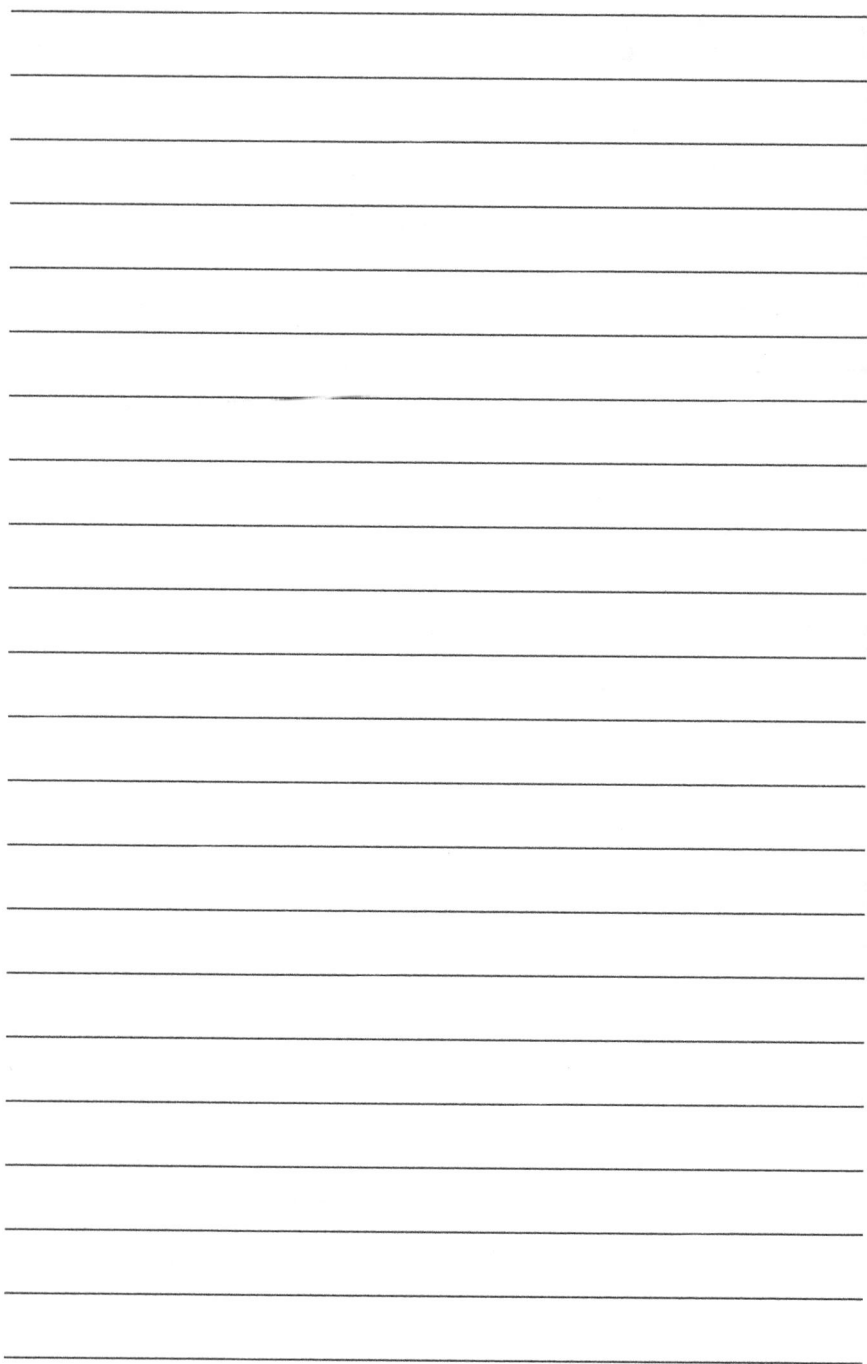

Opportunities:

_____

_____

_____

_____

_____

_____

_____

_____

_____

_____

Lessons Learned:

_____

_____

_____

_____

_____

_____

_____

_____

_____

I'm Thankful For . . .:

_____

_____

_____

_____

_____

_____

_____

_____

Desires of My Heart:

_____

_____

_____

_____

_____

_____

_____

_____

My Daily Journey

12

Day: _____ Date: _____

Time: _____ Location: _____

_____
_____
_____
_____
_____
_____
_____
_____
_____
_____
_____
_____
_____
_____
_____
_____
_____
_____
_____
_____
_____
_____

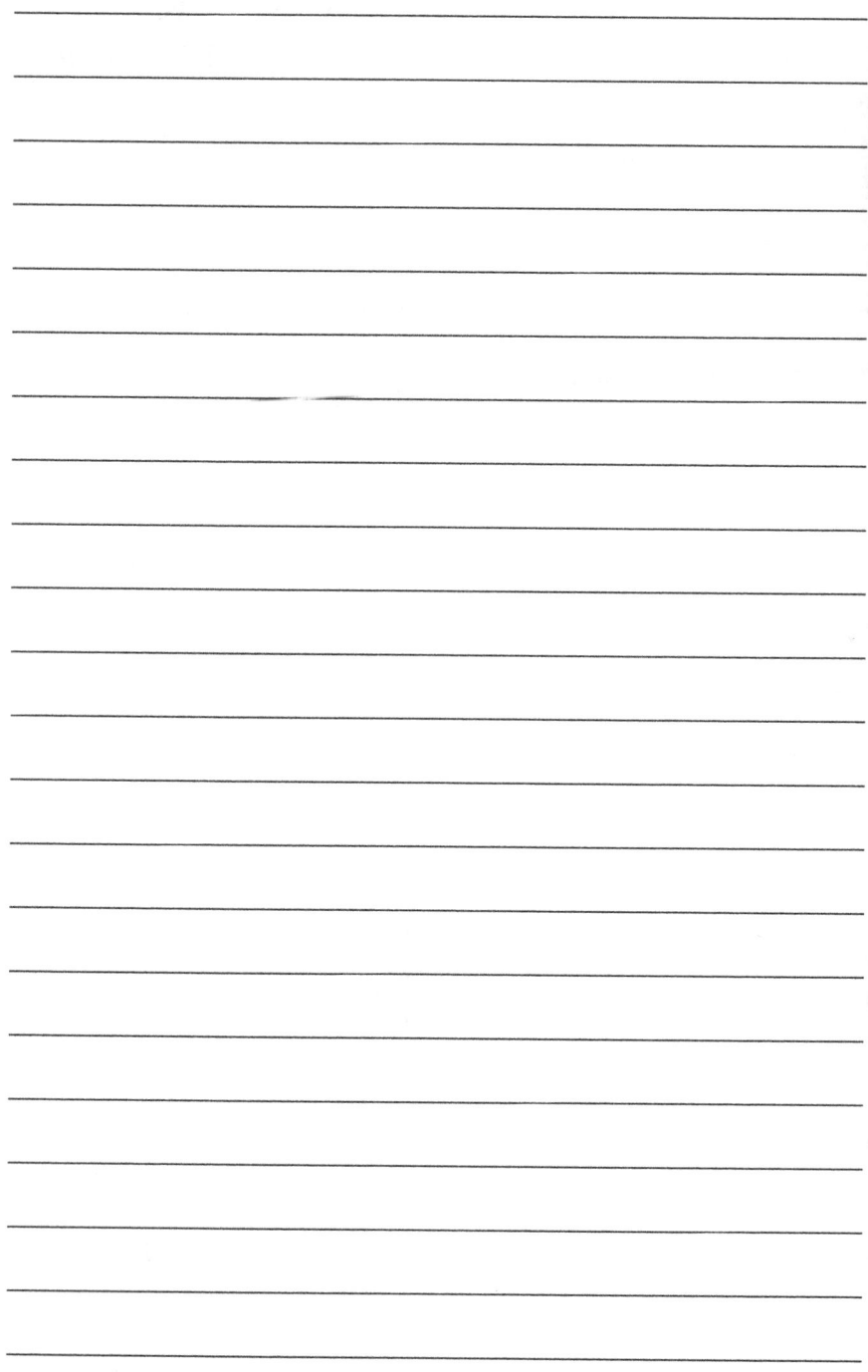

Opportunities:

_____

_____

_____

_____

_____

_____

_____

_____

_____

Lessons Learned:

_____

_____

_____

_____

_____

_____

_____

_____

_____

_____

I'm Thankful For . . .:

_____

_____

_____

_____

_____

_____

_____

_____

_____

Desires of My Heart:

_____

_____

_____

_____

_____

_____

_____

_____

_____

_____

My Daily Journey

13

Day: _____ Date: _____

Time: _____ Location: _____

_____
_____
_____
_____
_____
_____
_____
_____
_____
_____
_____
_____
_____
_____
_____
_____
_____
_____
_____
_____
_____
_____
_____
_____

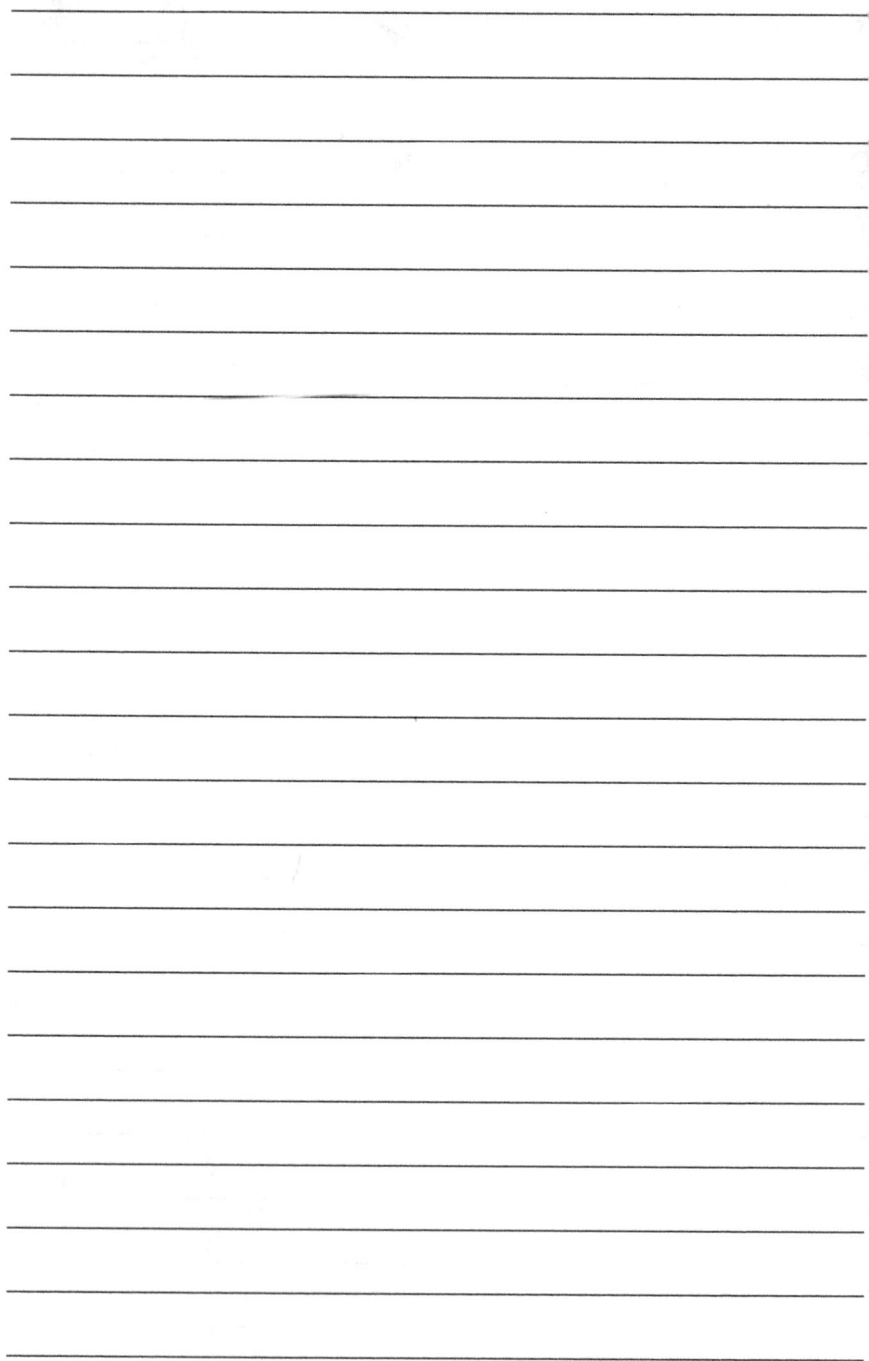

Opportunities:

_____

_____

_____

_____

_____

_____

_____

_____

_____

_____

Lessons Learned:

_____

_____

_____

_____

_____

_____

_____

_____

_____

_____

I'm Thankful For . . .:

_____

_____

_____

_____

_____

_____

_____

_____

_____

Desires of My Heart:

_____

_____

_____

_____

_____

_____

_____

_____

_____

_____

My Daily Journey 14

Day: _____ Date: _____

Time: _____ Location: _____

_____

_____
_____
_____
_____
_____
_____
_____
_____
_____
_____
_____
_____
_____
_____
_____
_____
_____
_____
_____
_____
_____
_____
_____

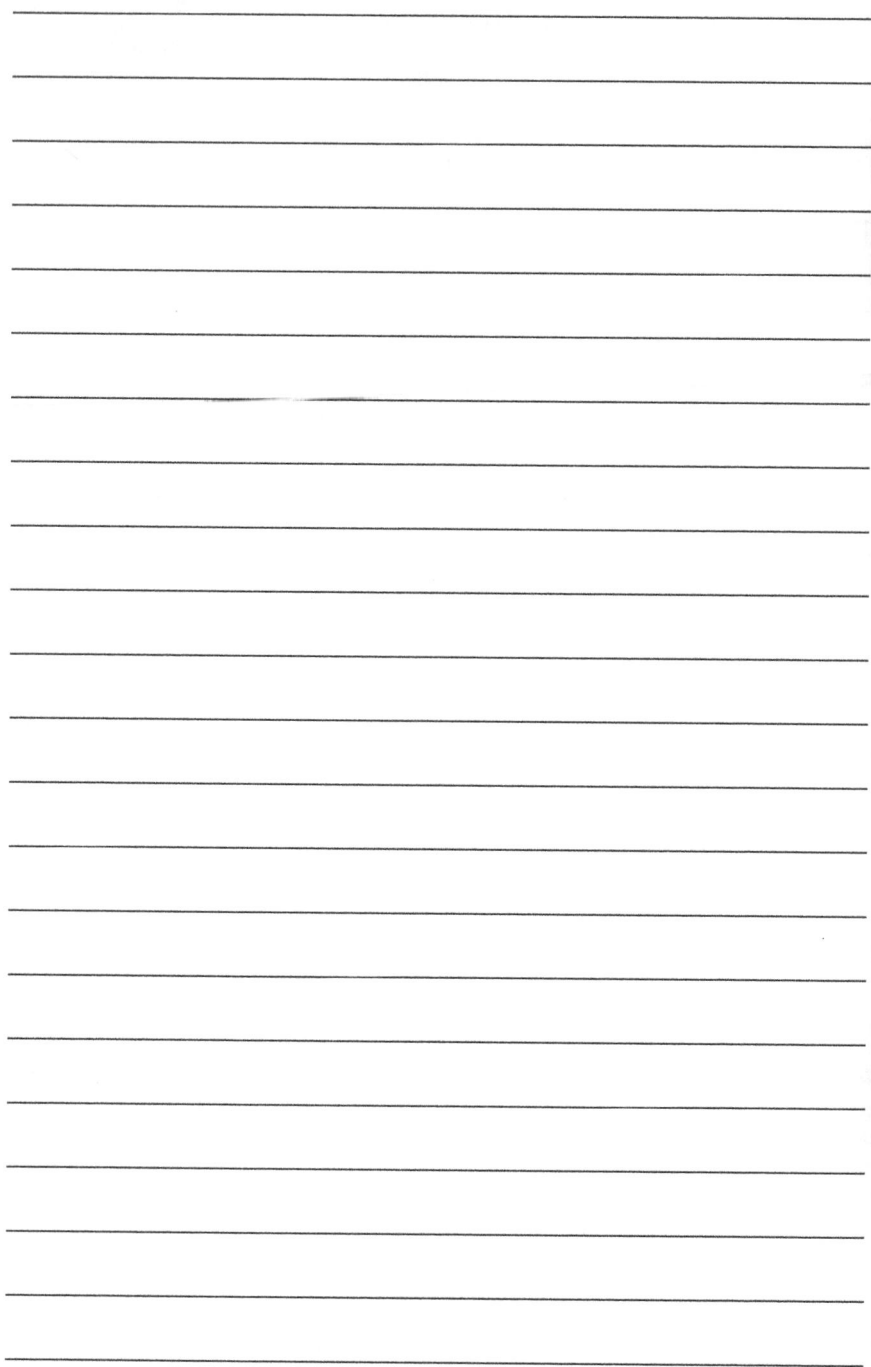

Opportunities:

_____

_____

_____

_____

_____

_____

_____

_____

_____

Lessons Learned:

_____

_____

_____

_____

_____

_____

_____

_____

_____

I'm Thankful For . . .:

_____

_____

_____

_____

_____

_____

_____

_____

_____

Desires of My Heart:

_____

_____

_____

_____

_____

_____

_____

_____

_____

My Daily Journey

15

Day: _____Date:_____

Time: _____Location:_____

_____

_____

_____

_____

_____

_____

_____

_____

_____

_____

_____

_____

_____

_____

_____

_____

_____

_____

_____

_____

_____

_____

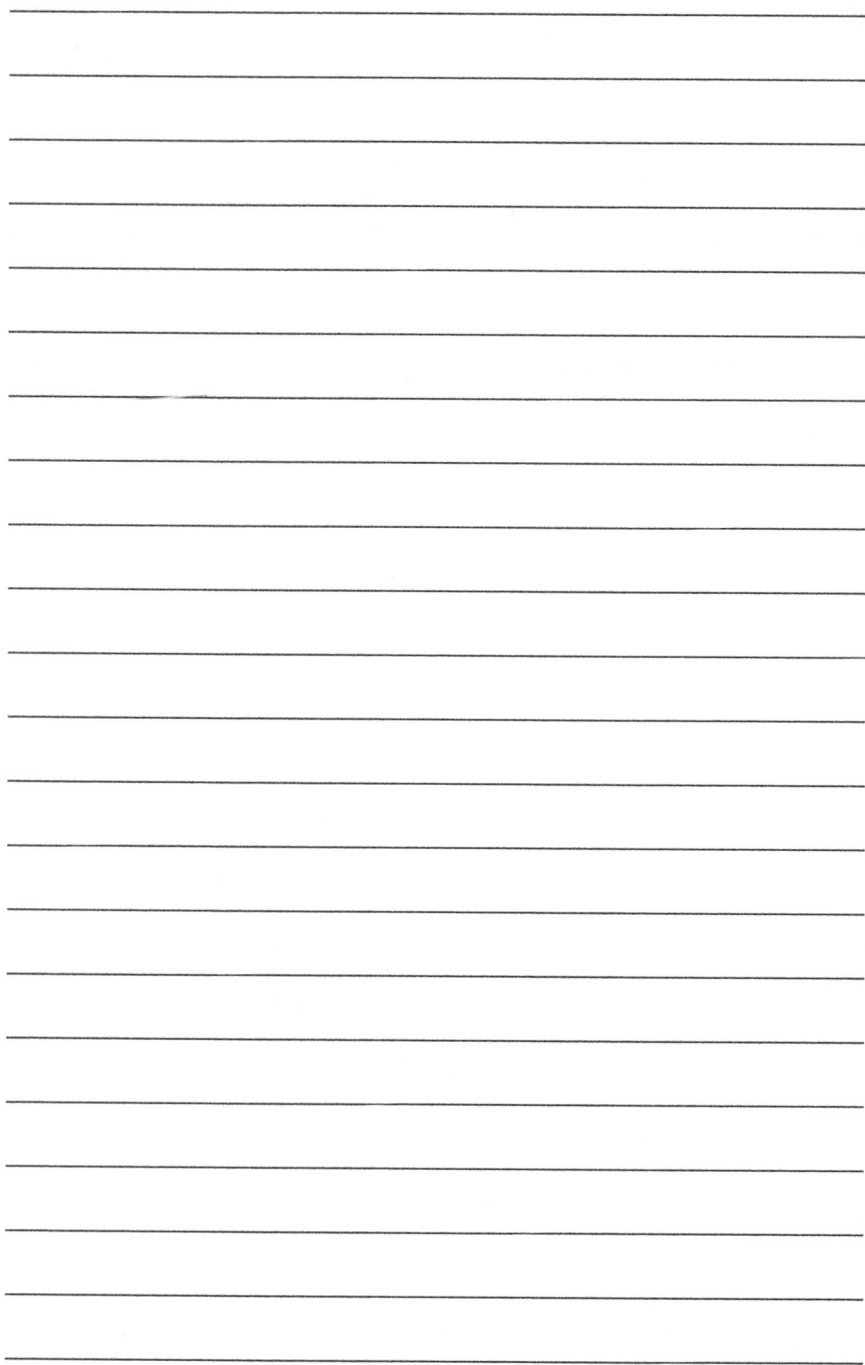

Opportunities:

_____

_____

_____

_____

_____

_____

_____

_____

_____

Lessons Learned:

_____

_____

_____

_____

_____

_____

_____

_____

_____

I'm Thankful For . . .:

_____

_____

_____

_____

_____

_____

_____

_____

Desires of My Heart:

_____

_____

_____

_____

_____

_____

_____

_____

_____

My Daily Journey

16

Day: _____ Date: _____

Time: _____ Location: _____

_____

_____

_____

_____

_____

_____

_____

_____

_____

_____

_____

_____

_____

_____

_____

_____

_____

_____

_____

_____

_____

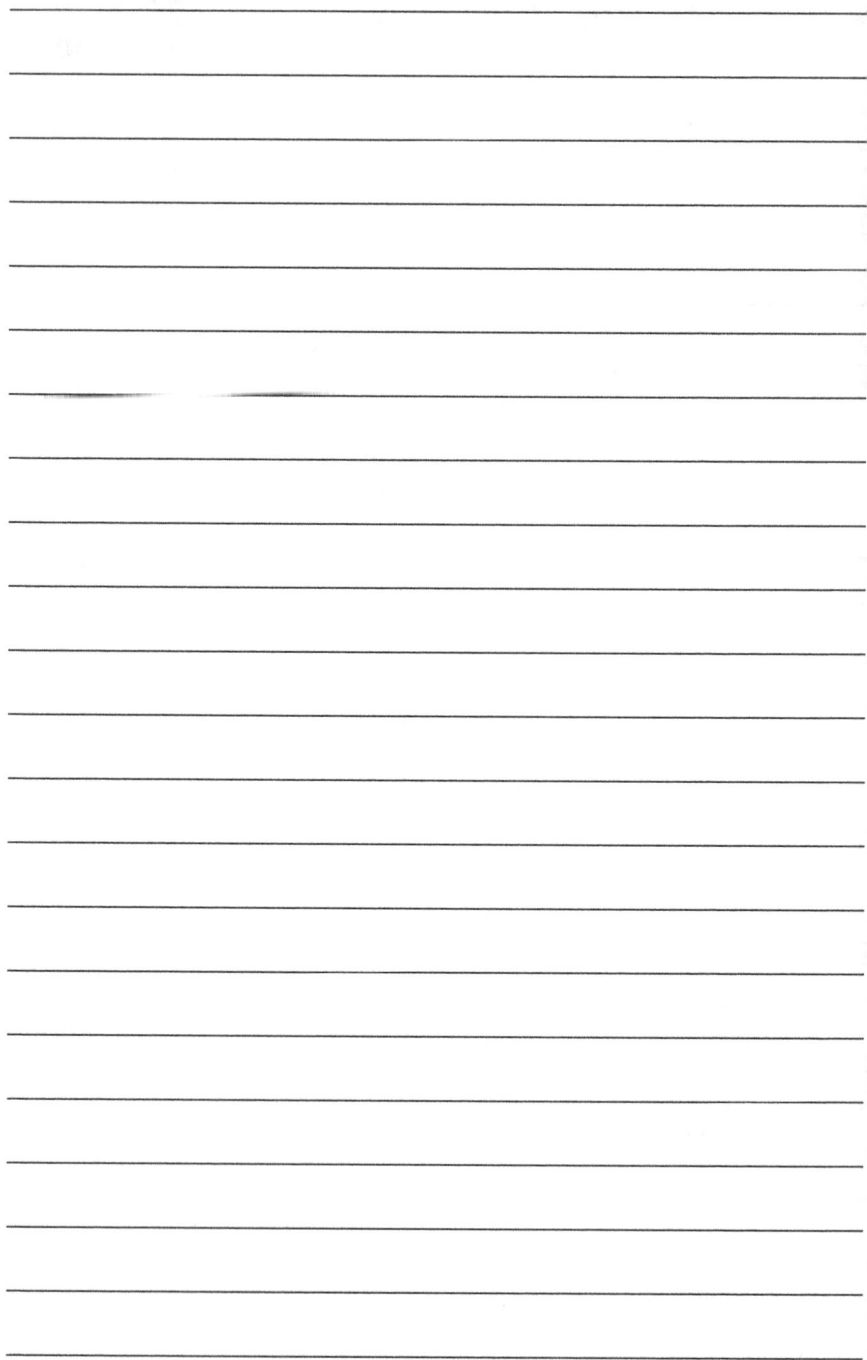

Opportunities:

_____

_____

_____

_____

_____

_____

_____

_____

Lessons Learned:

_____

_____

_____

_____

_____

_____

_____

_____

_____

I'm Thankful For . . .:

_____

_____

_____

_____

_____

_____

_____

_____

Desires of My Heart:

_____

_____

_____

_____

_____

_____

_____

_____

_____

My Daily Journey 17

Day: _____ Date: _____

Time: _____ Location: _____

_____
_____
_____
_____
_____
_____
_____
_____
_____
_____
_____
_____
_____
_____
_____
_____
_____
_____
_____
_____
_____
_____
_____
_____

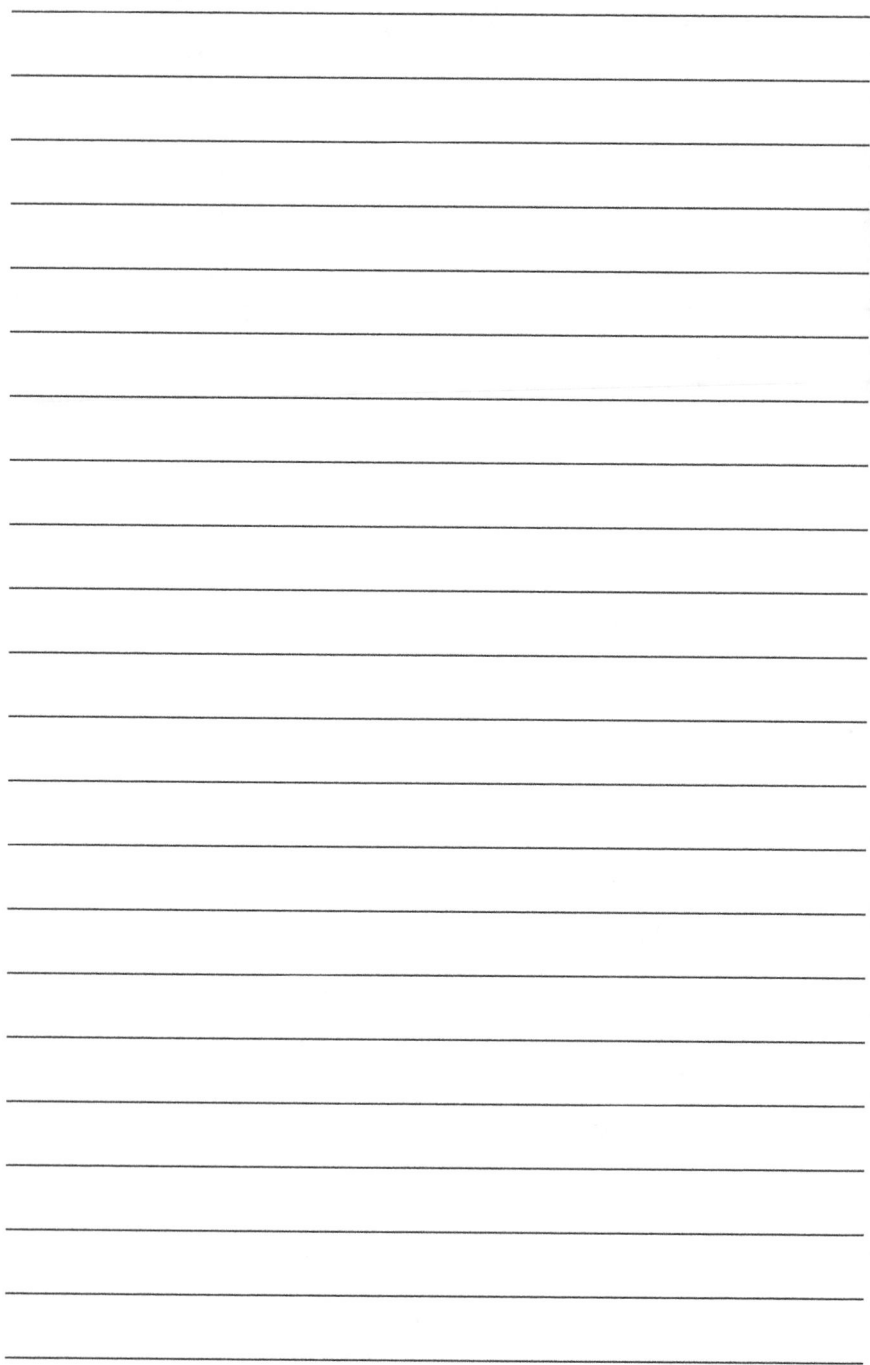

Opportunities:

_____

_____

_____

_____

_____

_____

_____

_____

_____

Lessons Learned:

_____

_____

_____

_____

_____

_____

_____

_____

_____

I'm Thankful For . . .:

_____

_____

_____

_____

_____

_____

_____

_____

_____

Desires of My Heart:

_____

_____

_____

_____

_____

_____

_____

_____

_____

My Daily Journey

18

Day: _____ Date: _____

Time: _____ Location: _____

_____

_____

_____

_____

_____

_____

_____

_____

_____

_____

_____

_____

_____

_____

_____

_____

_____

_____

_____

_____

_____

_____

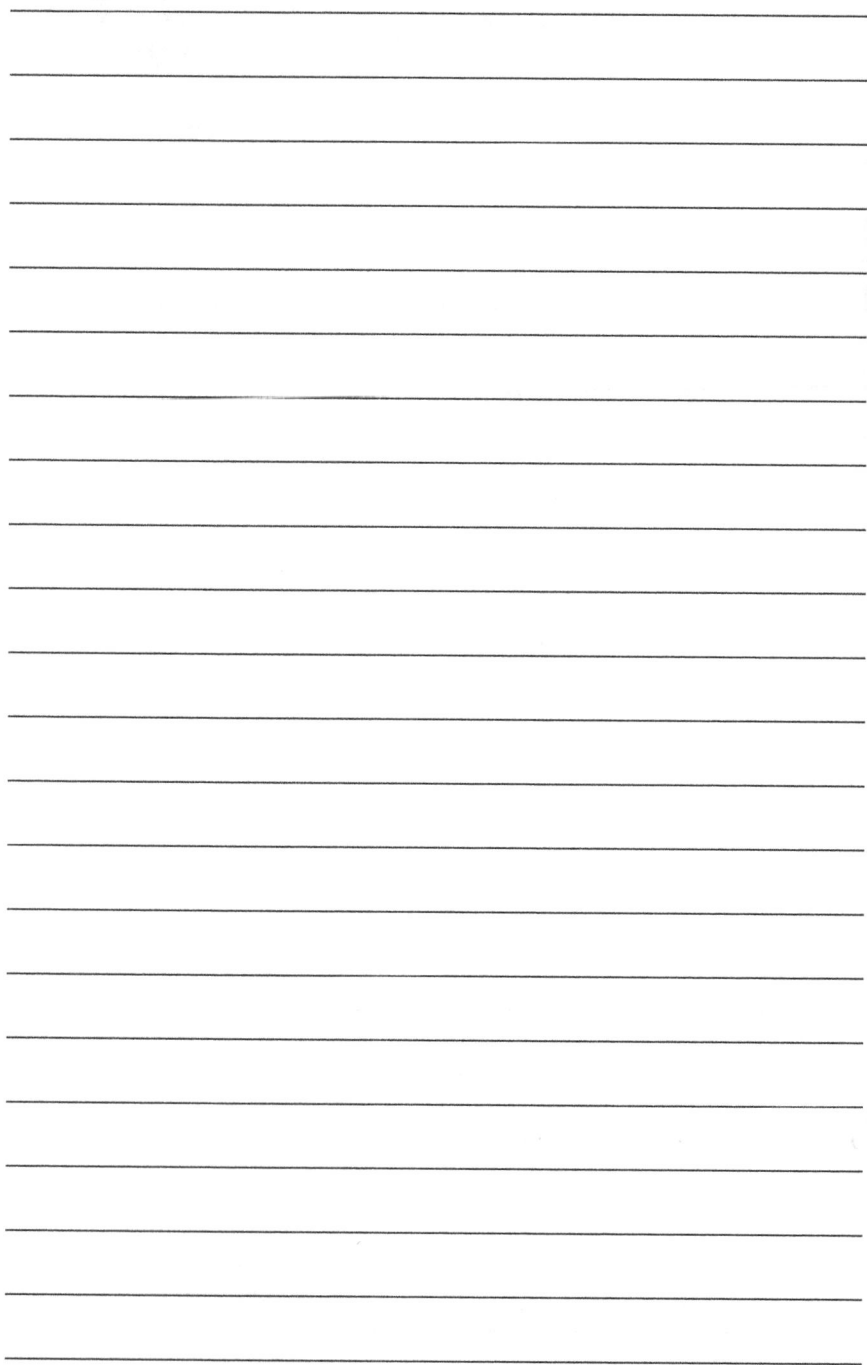

Opportunities:

_____

_____

_____

_____

_____

_____

_____

_____

_____

_____

Lessons Learned:

_____

_____

_____

_____

_____

_____

_____

_____

_____

_____

I'm Thankful For . . .:

_____

_____

_____

_____

_____

_____

_____

_____

Desires of My Heart:

_____

_____

_____

_____

_____

_____

_____

_____

My Daily Journey

19

Day: _____ Date: _____

Time: _____ Location: _____

_____
_____
_____
_____
_____
_____
_____
_____
_____
_____
_____
_____
_____
_____
_____
_____
_____
_____
_____
_____
_____
_____
_____
_____
_____
_____

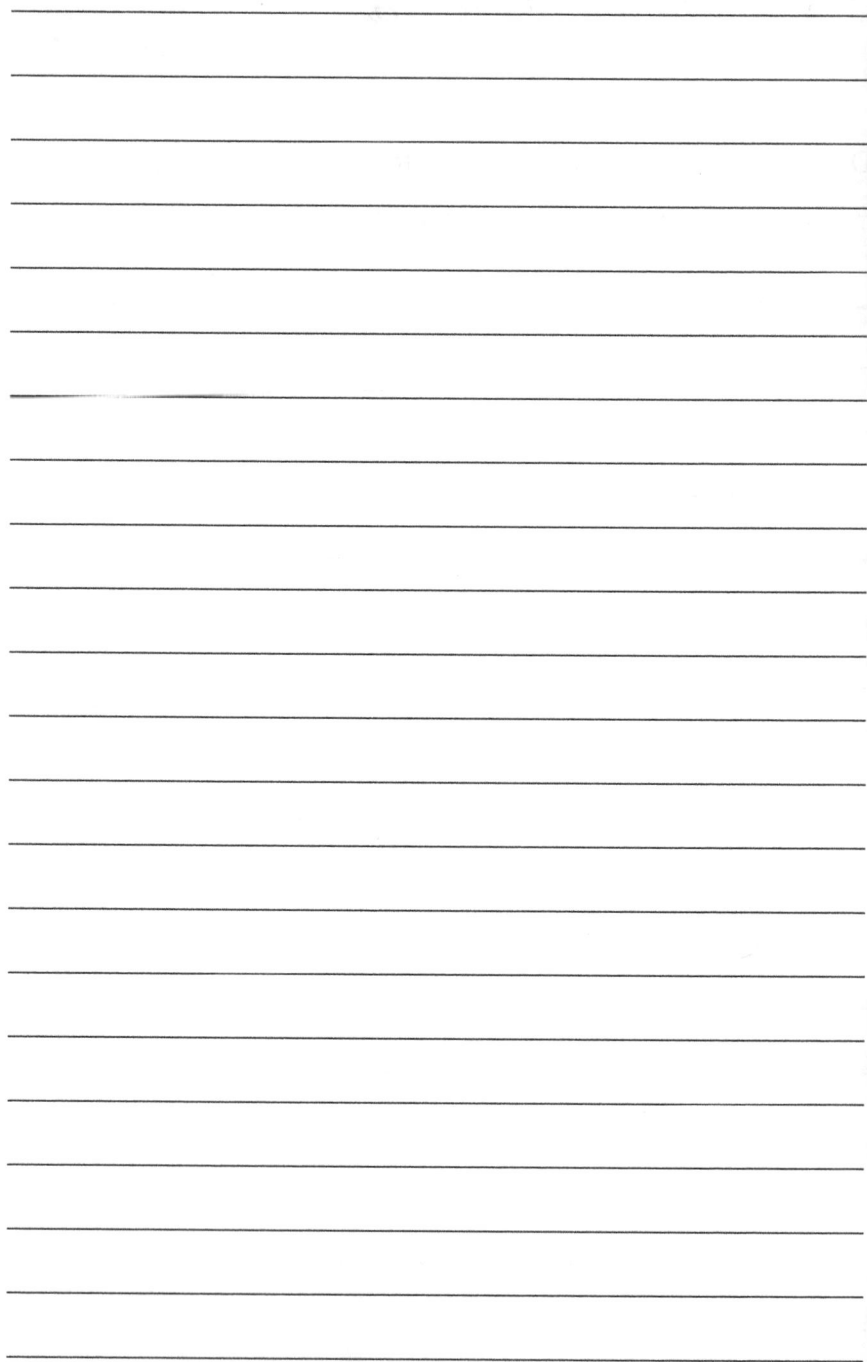

Opportunities:

_____
_____
_____
_____
_____
_____
_____
_____

Lessons Learned:

_____
_____
_____
_____
_____
_____
_____
_____
_____

I'm Thankful For . . .:

_____

_____

_____

_____

_____

_____

_____

_____

Desires of My Heart:

_____

_____

_____

_____

_____

_____

_____

_____

_____

My Daily Journey

20

Day: _____ Date: _____

Time: _____ Location: _____

_____
_____
_____
_____
_____
_____
_____
_____
_____
_____
_____
_____
_____
_____
_____
_____
_____
_____
_____
_____
_____
_____
_____

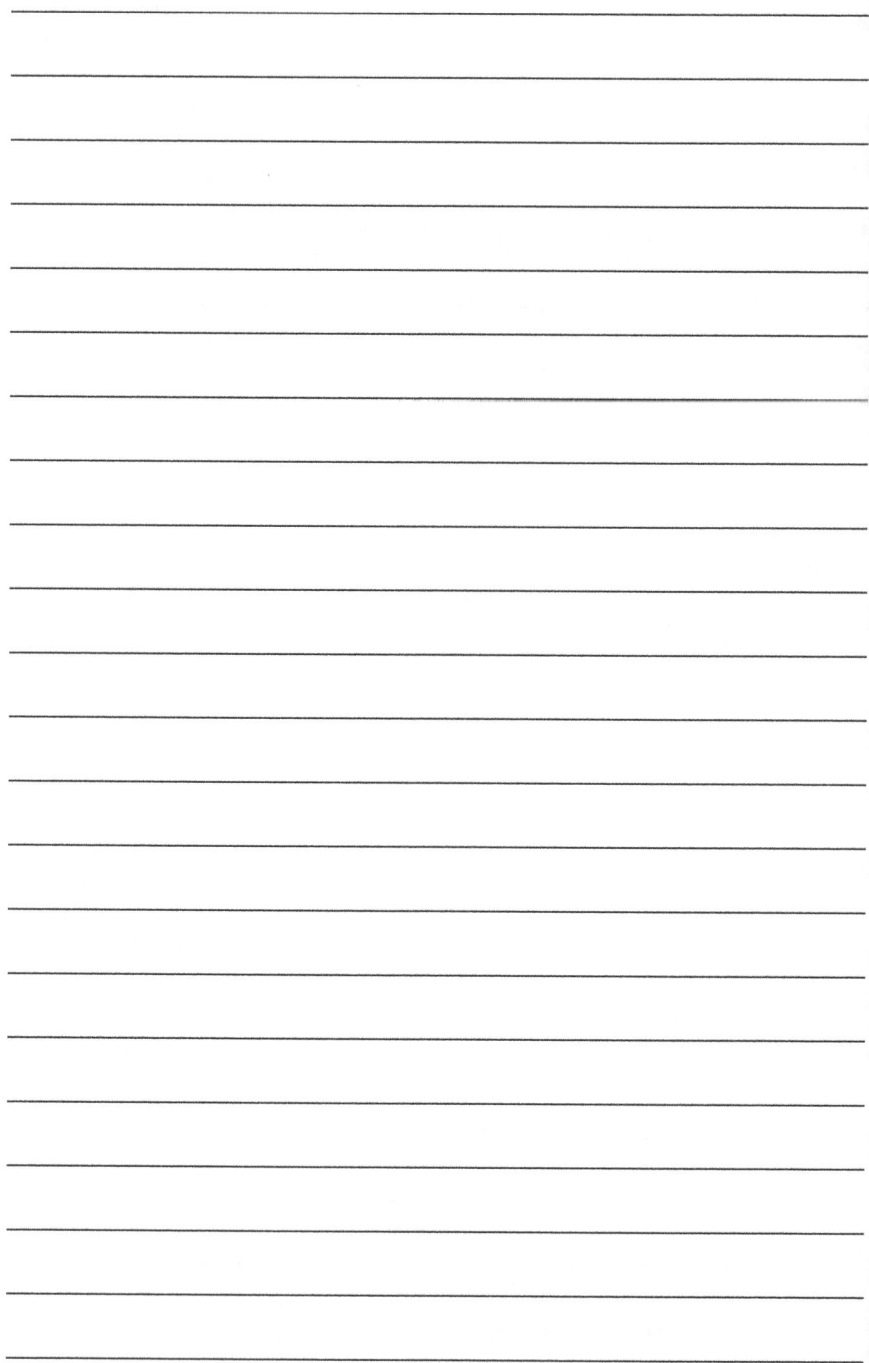

Opportunities:

_____

_____

_____

_____

_____

_____

_____

_____

_____

Lessons Learned:

_____

_____

_____

_____

_____

_____

_____

_____

_____

I'm Thankful For . . .:

_____

_____

_____

_____

_____

_____

_____

_____

Desires of My Heart:

_____

_____

_____

_____

_____

_____

_____

_____

My Daily Journey 21

Day: _____Date:_____

Time: _____Location:_____

_____

_____

_____

_____

_____

_____

_____

_____

_____

_____

_____

_____

_____

_____

_____

_____

_____

_____

_____

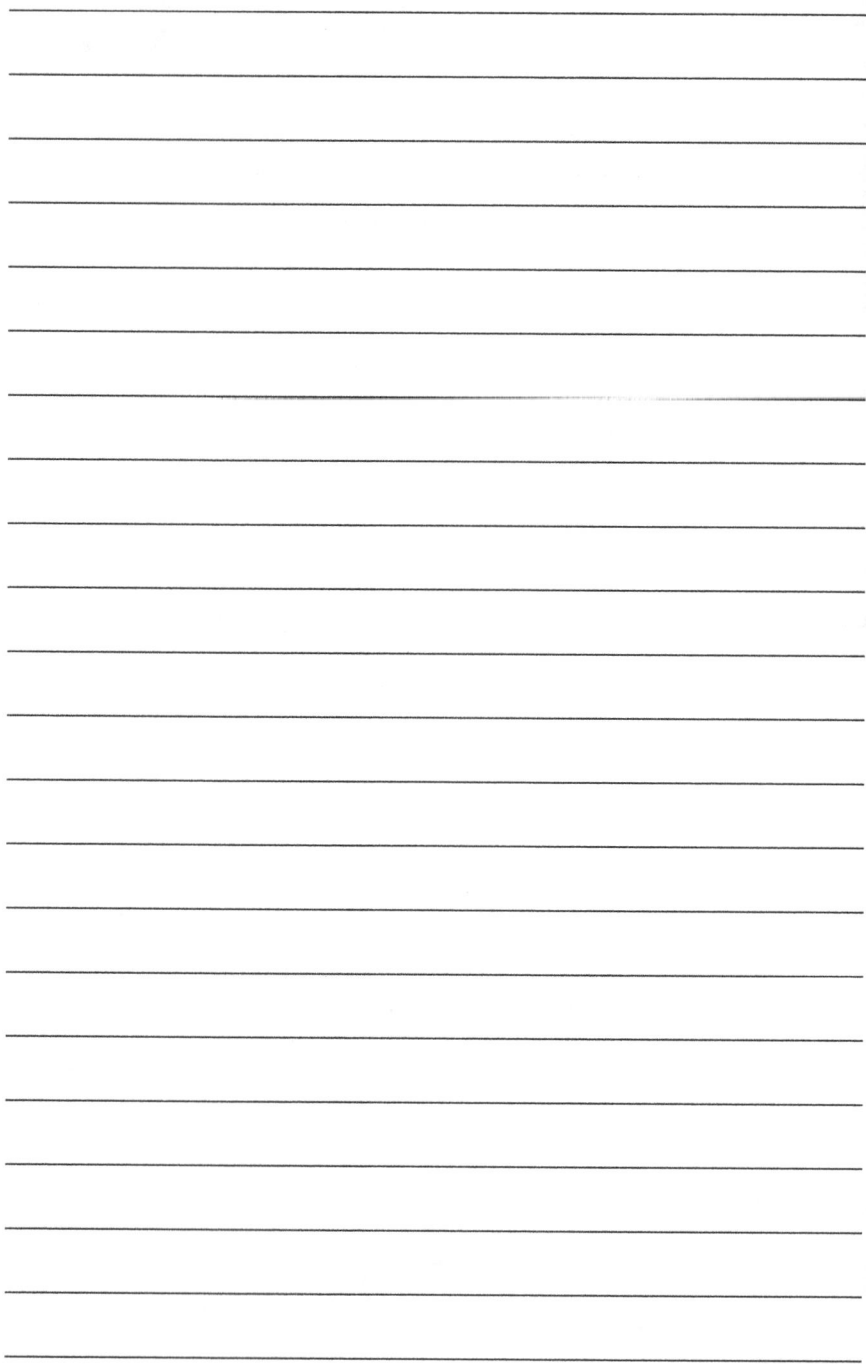

Opportunities:

_____

_____

_____

_____

_____

_____

_____

_____

_____

Lessons Learned:

_____

_____

_____

_____

_____

_____

_____

_____

_____

I'm Thankful For . . .:

_____

_____

_____

_____

_____

_____

_____

Desires of My Heart:

_____

_____

_____

_____

_____

_____

_____

_____

My Daily Journey

22

Day: _____ Date: _____

Time: _____ Location: _____

_____

_____

_____

_____

_____

_____

_____

_____

_____

_____

_____

_____

_____

_____

_____

_____

_____

_____

_____

_____

_____

_____

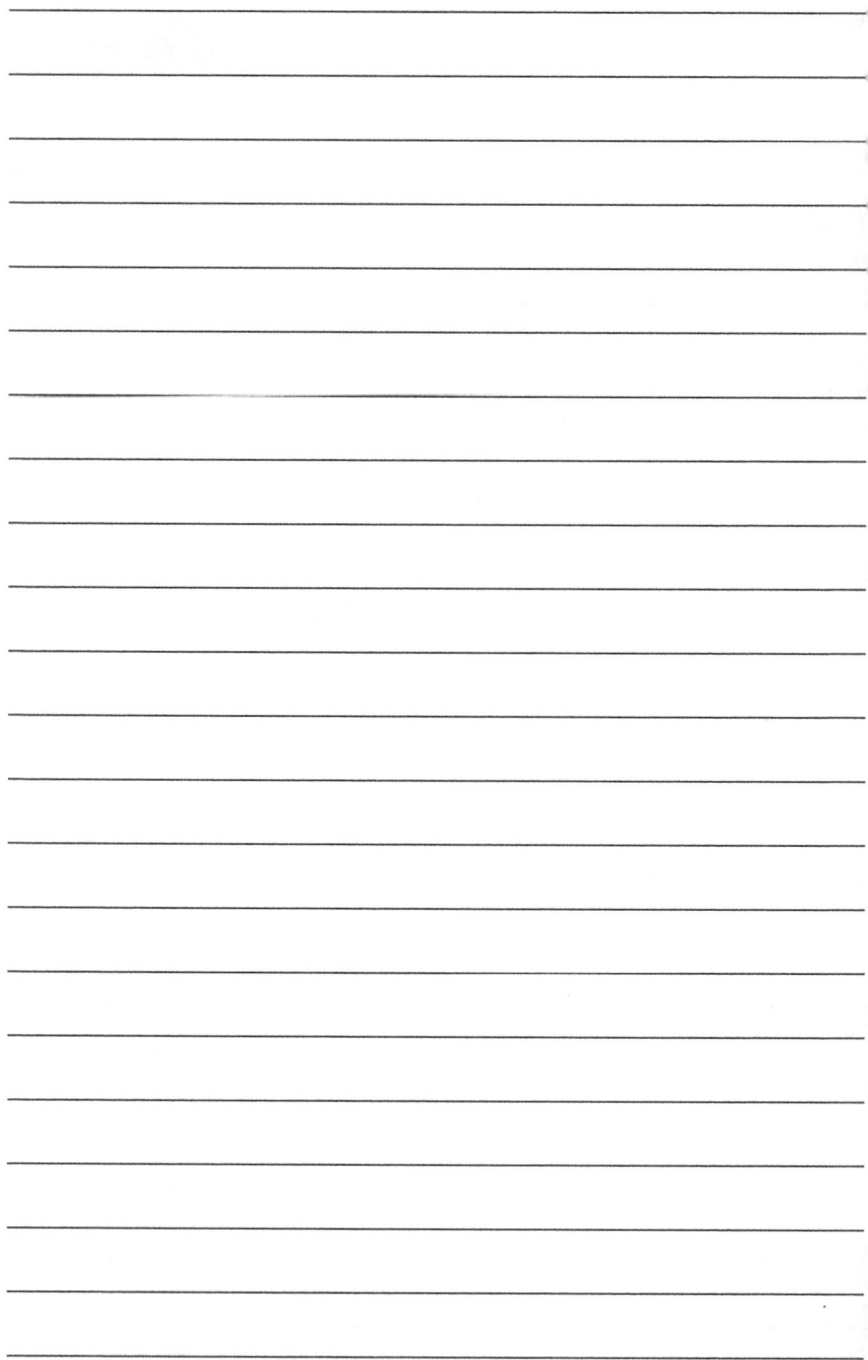

Opportunities:

_____

_____

_____

_____

_____

_____

_____

_____

_____

Lessons Learned:

_____

_____

_____

_____

_____

_____

_____

_____

_____

_____

I'm Thankful For . . .:

_____

_____

_____

_____

_____

_____

_____

_____

Desires of My Heart:

_____

_____

_____

_____

_____

_____

_____

_____

_____

My Daily Journey

23

Day: _____ Date: _____

Time: _____ Location: _____

_____

_____

_____

_____

_____

_____

_____

_____

_____

_____

_____

_____

_____

_____

_____

_____

_____

_____

_____

_____

_____

_____

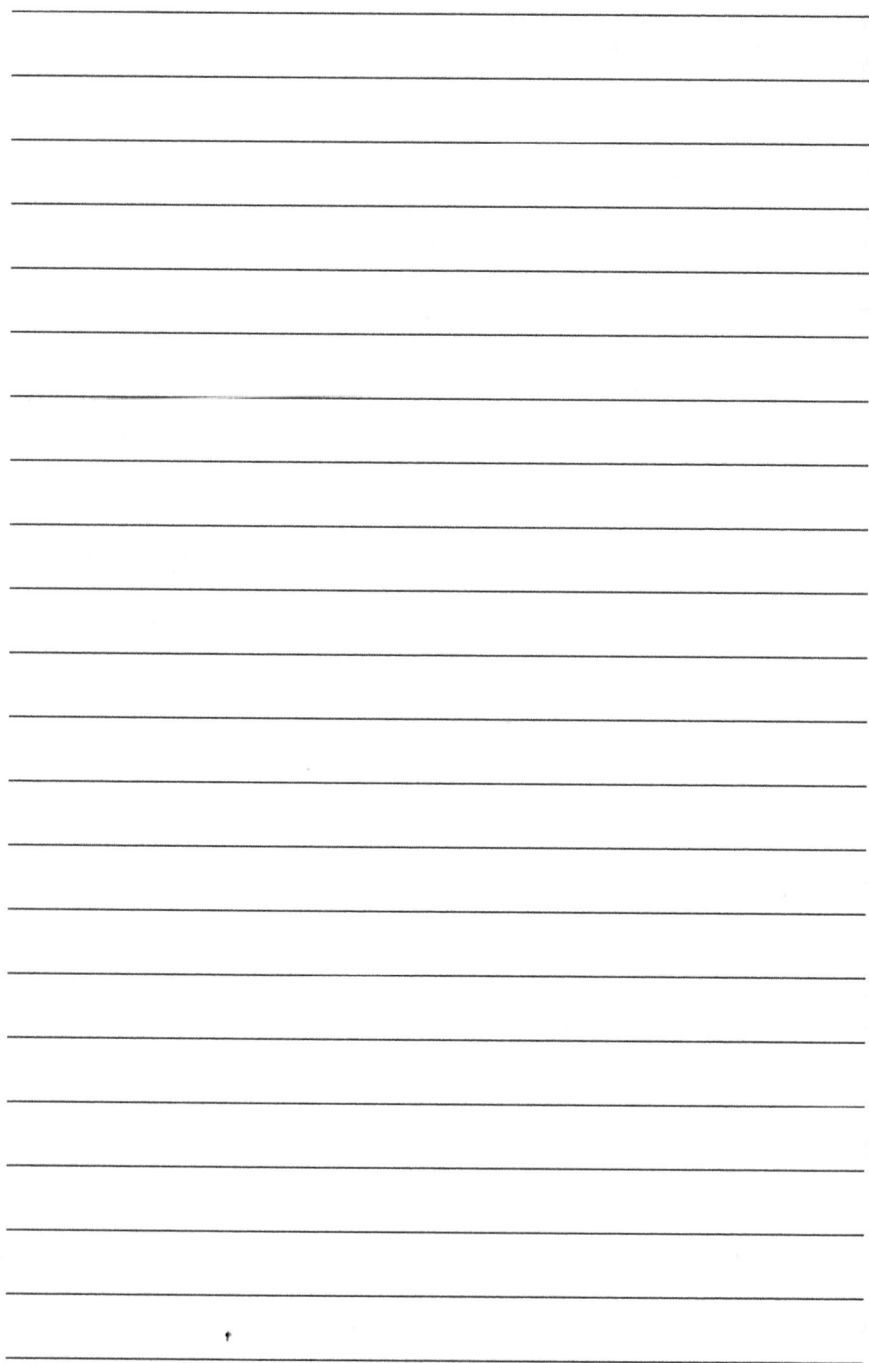

Opportunities:

_____
_____
_____
_____
_____
_____
_____
_____
_____
_____

Lessons Learned:

_____
_____
_____
_____
_____
_____
_____
_____
_____
_____

I'm Thankful For . . .:

_____

_____

_____

_____

_____

_____

_____

_____

Desires of My Heart:

_____

_____

_____

_____

_____

_____

_____

_____

_____

My Daily Journey

24

Day: _____ Date: _____

Time: _____ Location: _____

_____

_____

_____

_____

_____

_____

_____

_____

_____

_____

_____

_____

_____

_____

_____

_____

_____

_____

_____

_____

_____

_____

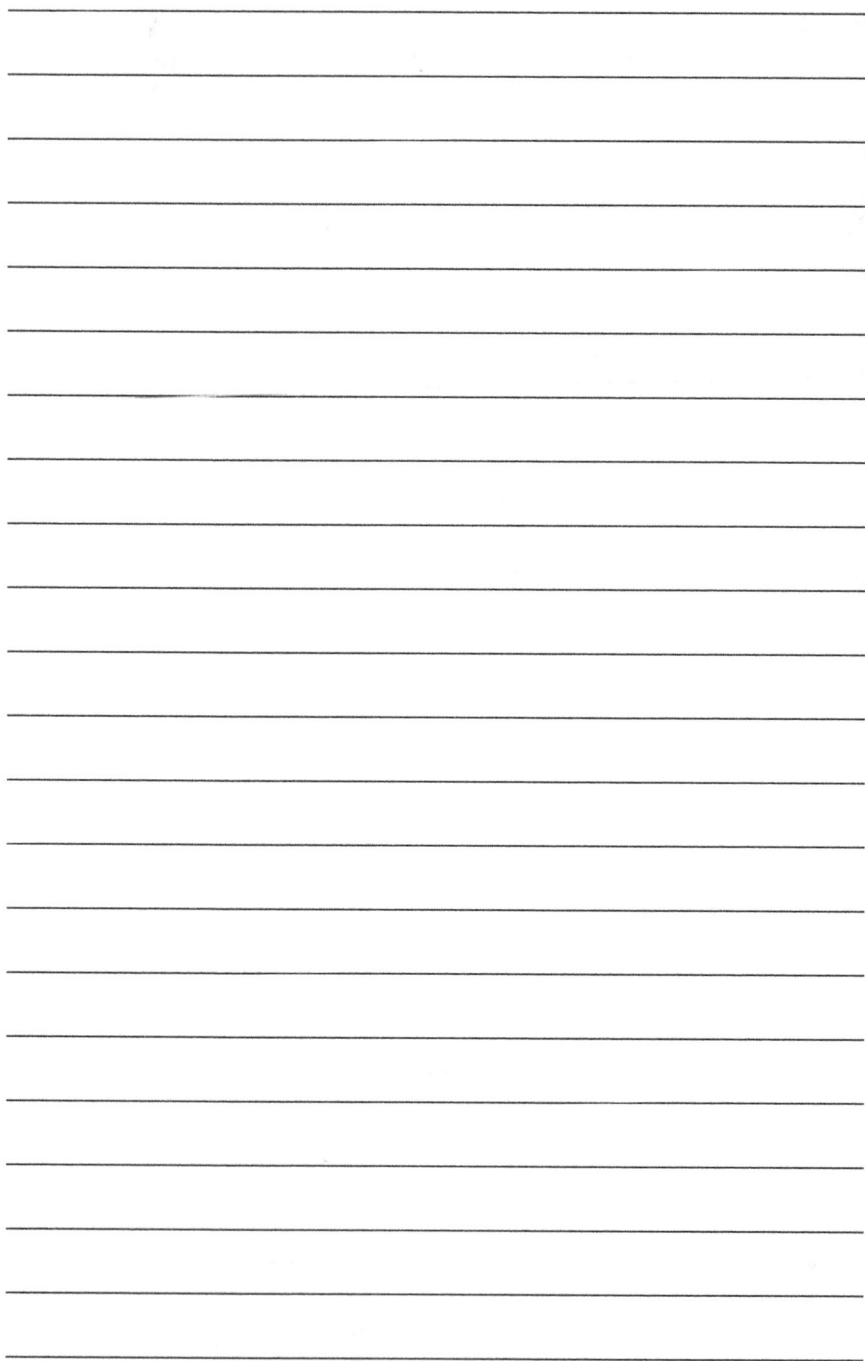

Opportunities:

_____

_____

_____

_____

_____

_____

_____

_____

_____

Lessons Learned:

_____

_____

_____

_____

_____

_____

_____

_____

_____

I'm Thankful For . . .:

_____

_____

_____

_____

_____

_____

_____

_____

Desires of My Heart:

_____

_____

_____

_____

_____

_____

_____

_____

My Daily Journey 25

Day: _____ Date: _____

Time: _____ Location: _____

_____
_____
_____
_____
_____
_____
_____
_____
_____
_____
_____
_____
_____
_____
_____
_____
_____
_____
_____
_____
_____
_____
_____

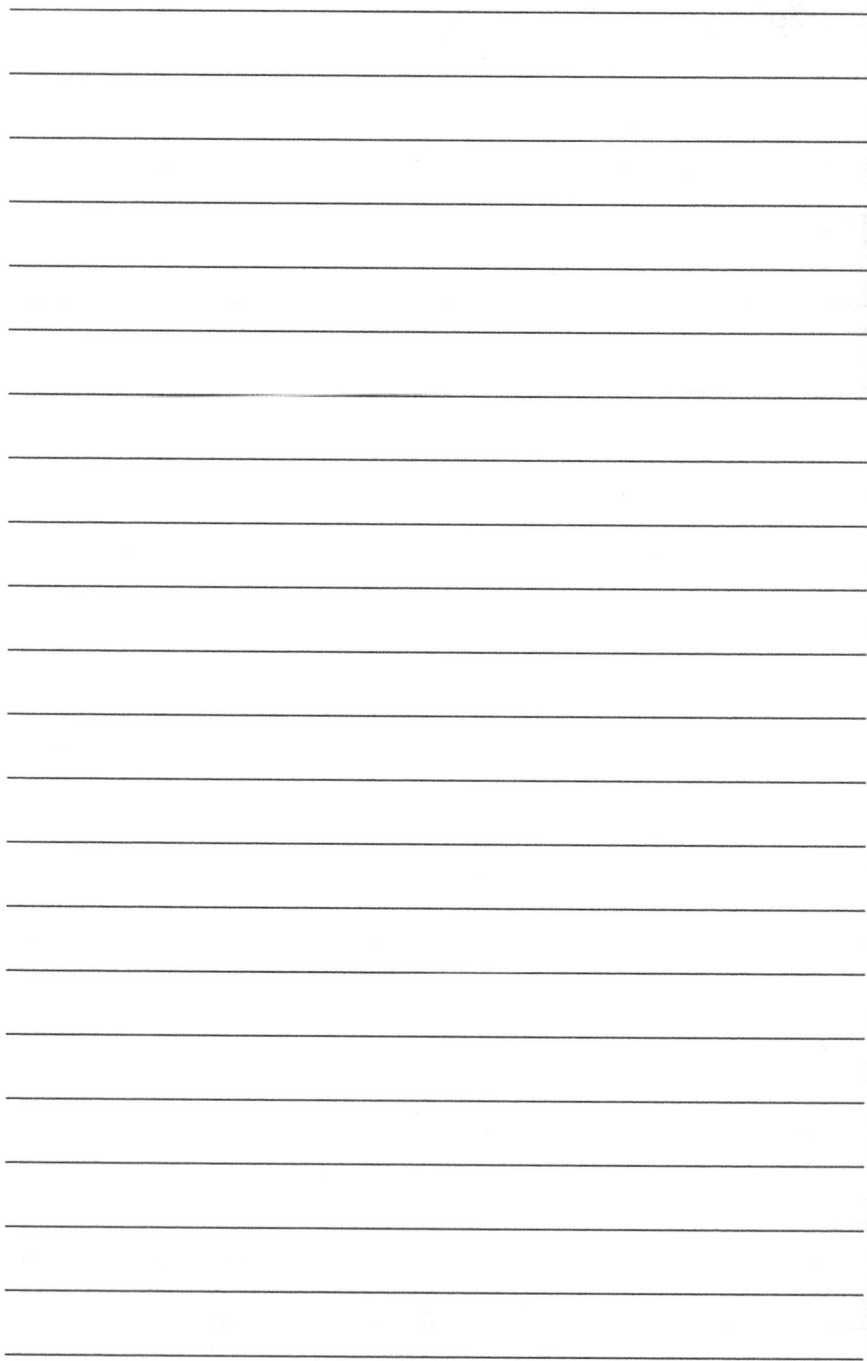

Opportunities:

_____

_____

_____

_____

_____

_____

_____

_____

_____

Lessons Learned:

_____

_____

_____

_____

_____

_____

_____

_____

_____

I'm Thankful For . . .:

_____

_____

_____

_____

_____

_____

_____

_____

Desires of My Heart:

_____

_____

_____

_____

_____

_____

_____

_____

_____

My Daily Journey 26

Day: _____ Date: _____

Time: _____ Location: _____

_____

_____

_____

_____

_____

_____

_____

_____

_____

_____

_____

_____

_____

_____

_____

_____

_____

_____

_____

_____

_____

_____

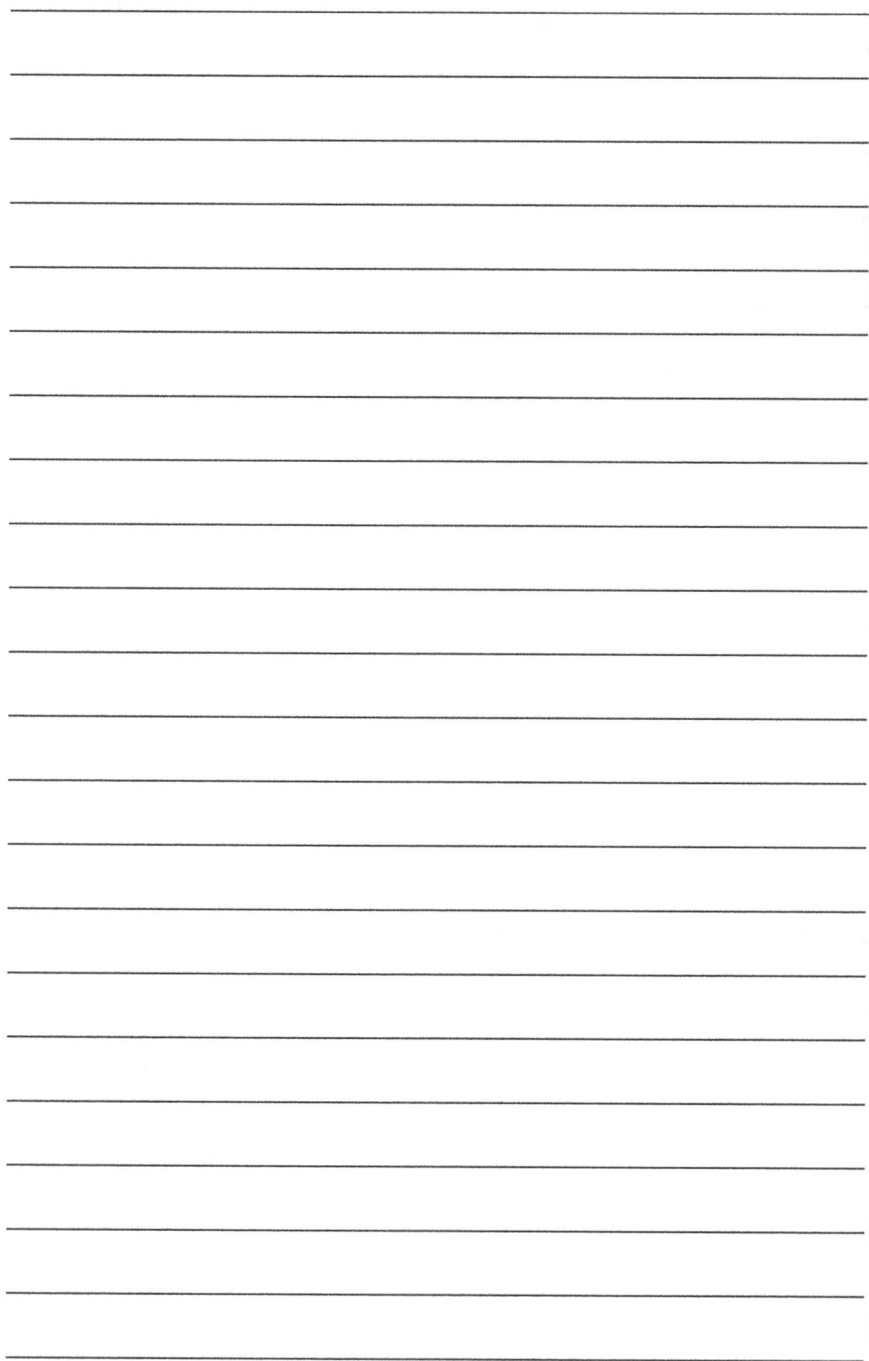

Opportunities:

_____

_____

_____

_____

_____

_____

_____

_____

_____

_____

Lessons Learned:

_____

_____

_____

_____

_____

_____

_____

_____

_____

I'm Thankful For . . .:

_____

_____

_____

_____

_____

_____

_____

_____

Desires of My Heart:

_____

_____

_____

_____

_____

_____

_____

_____

_____

My Daily Journey

27

Day: _____ Date: _____

Time: _____ Location: _____

_____

_____

_____

_____

_____

_____

_____

_____

_____

_____

_____

_____

_____

_____

_____

_____

_____

_____

_____

_____

_____

_____

_____

_____

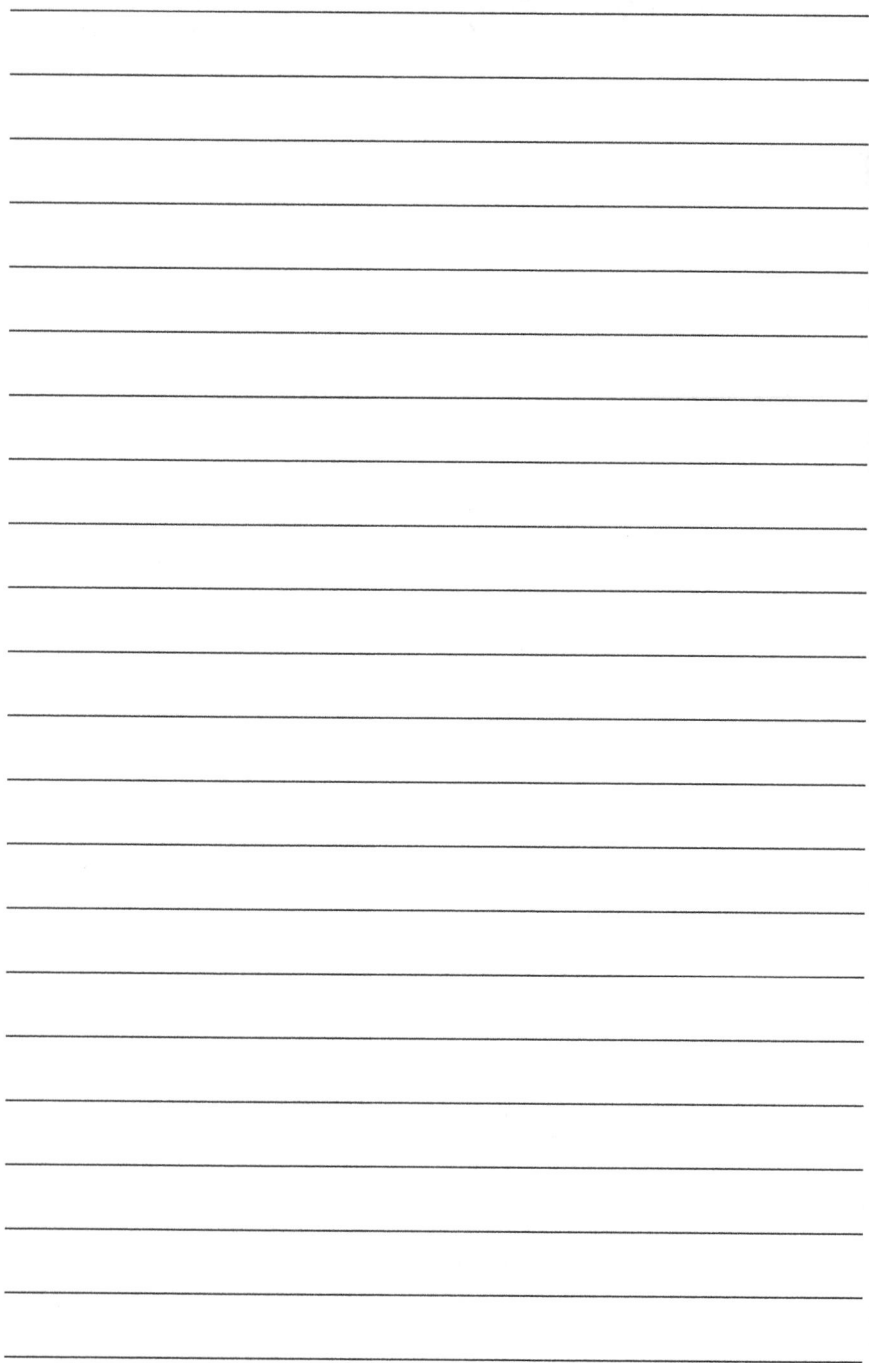

Opportunities:

_____

_____

_____

_____

_____

_____

_____

_____

Lessons Learned:

_____

_____

_____

_____

_____

_____

_____

_____

I'm Thankful For . . .:

_____

_____

_____

_____

_____

_____

_____

_____

Desires of My Heart:

_____

_____

_____

_____

_____

_____

_____

_____

_____

My Daily Journey 28

Day: _____ Date: _____

Time: _____ Location: _____

_____

_____

_____

_____

_____

_____

_____

_____

_____

_____

_____

_____

_____

_____

_____

_____

_____

_____

_____

_____

_____

_____

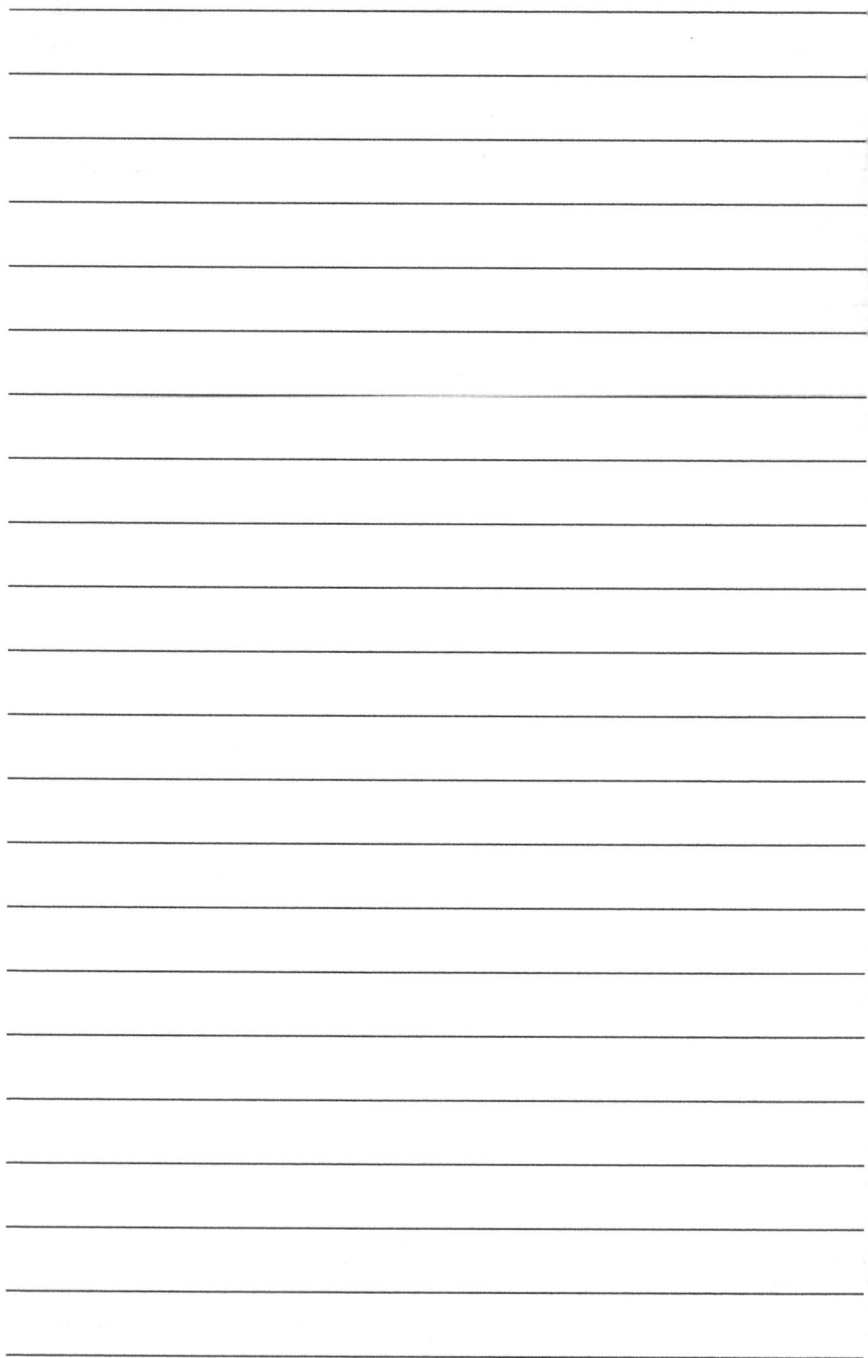

Opportunities:

_____

_____

_____

_____

_____

_____

_____

_____

_____

Lessons Learned:

_____

_____

_____

_____

_____

_____

_____

_____

_____

I'm Thankful For . . .:

_____

_____

_____

_____

_____

_____

_____

_____

Desires of My Heart:

_____

_____

_____

_____

_____

_____

_____

_____

_____

My Daily Journey

29

Day: _____ Date: _____

Time: _____ Location: _____

_____

_____

_____

_____

_____

_____

_____

_____

_____

_____

_____

_____

_____

_____

_____

_____

_____

_____

_____

_____

_____

_____

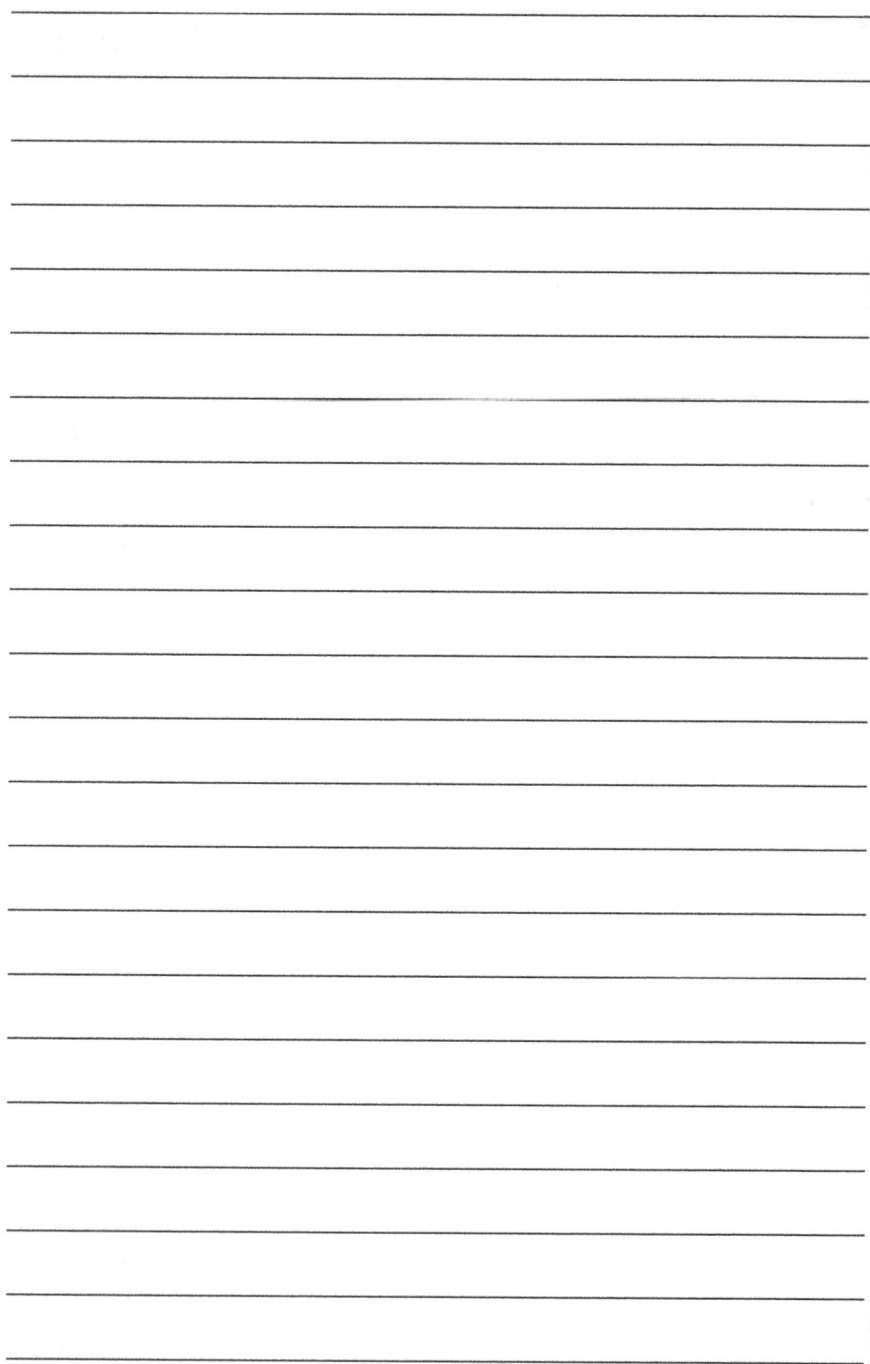

Opportunities:

_____

_____

_____

_____

_____

_____

_____

_____

_____

_____

Lessons Learned:

_____

_____

_____

_____

_____

_____

_____

_____

_____

_____

I'm Thankful For . . .:

_____

_____

_____

_____

_____

_____

_____

_____

Desires of My Heart:

_____

_____

_____

_____

_____

_____

_____

_____

_____

_____

My Daily Journey 30

Day: _____ Date: _____

Time: _____ Location: _____

_____
_____
_____
_____
_____
_____
_____
_____
_____
_____
_____
_____
_____
_____
_____
_____
_____
_____
_____
_____
_____
_____
_____
_____

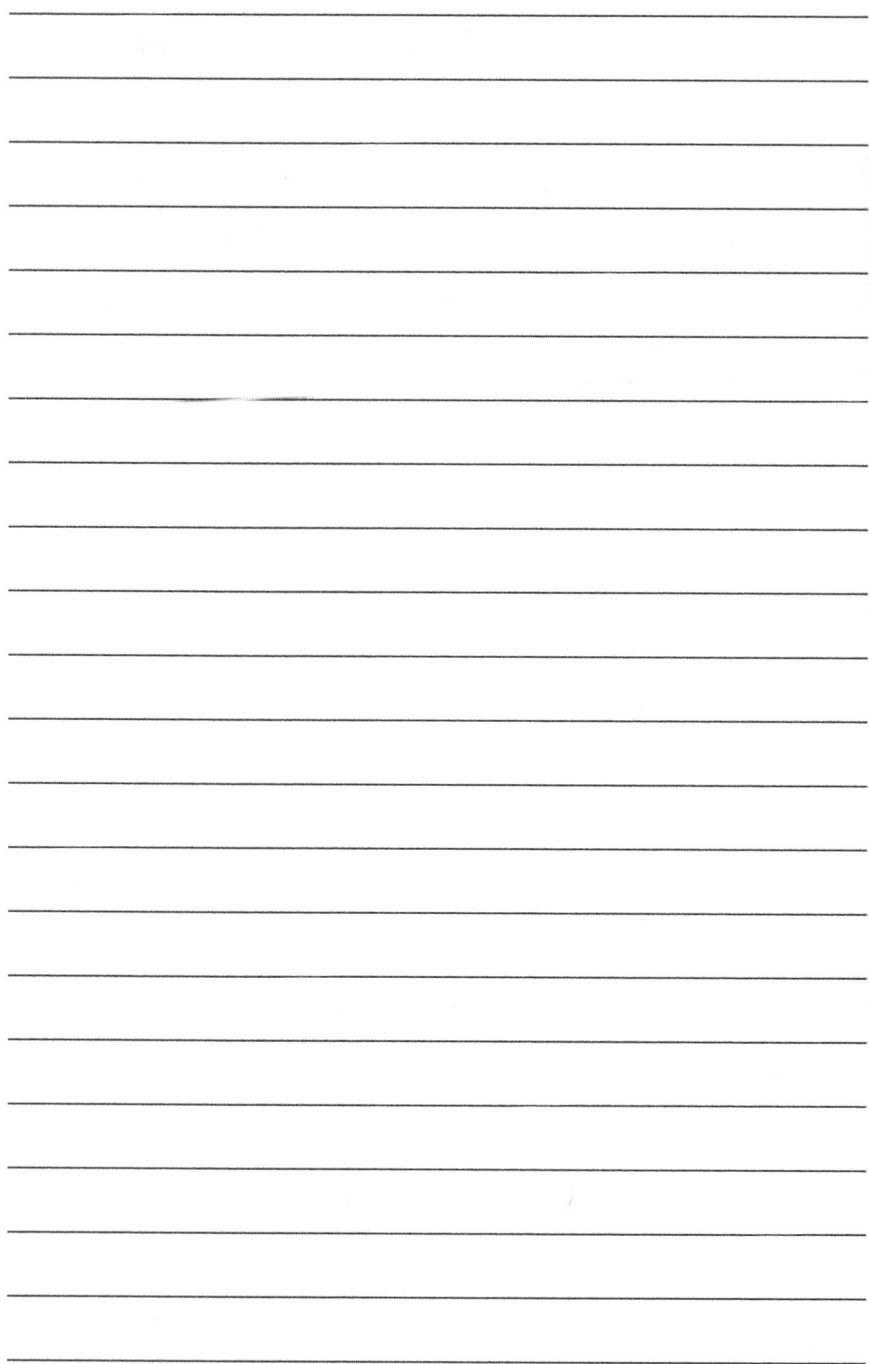

Opportunities:

_____

_____

_____

_____

_____

_____

_____

_____

_____

Lessons Learned:

_____

_____

_____

_____

_____

_____

_____

_____

_____

I'm Thankful For . . .:

_____

_____

_____

_____

_____

_____

_____

_____

Desires of My Heart:

_____

_____

_____

_____

_____

_____

_____

_____

_____

_____

My Daily Journey 31

Day: _____ Date: _____

Time: _____ Location: _____

_____

_____

_____

_____

_____

_____

_____

_____

_____

_____

_____

_____

_____

_____

_____

_____

_____

_____

_____

_____

_____

_____

_____

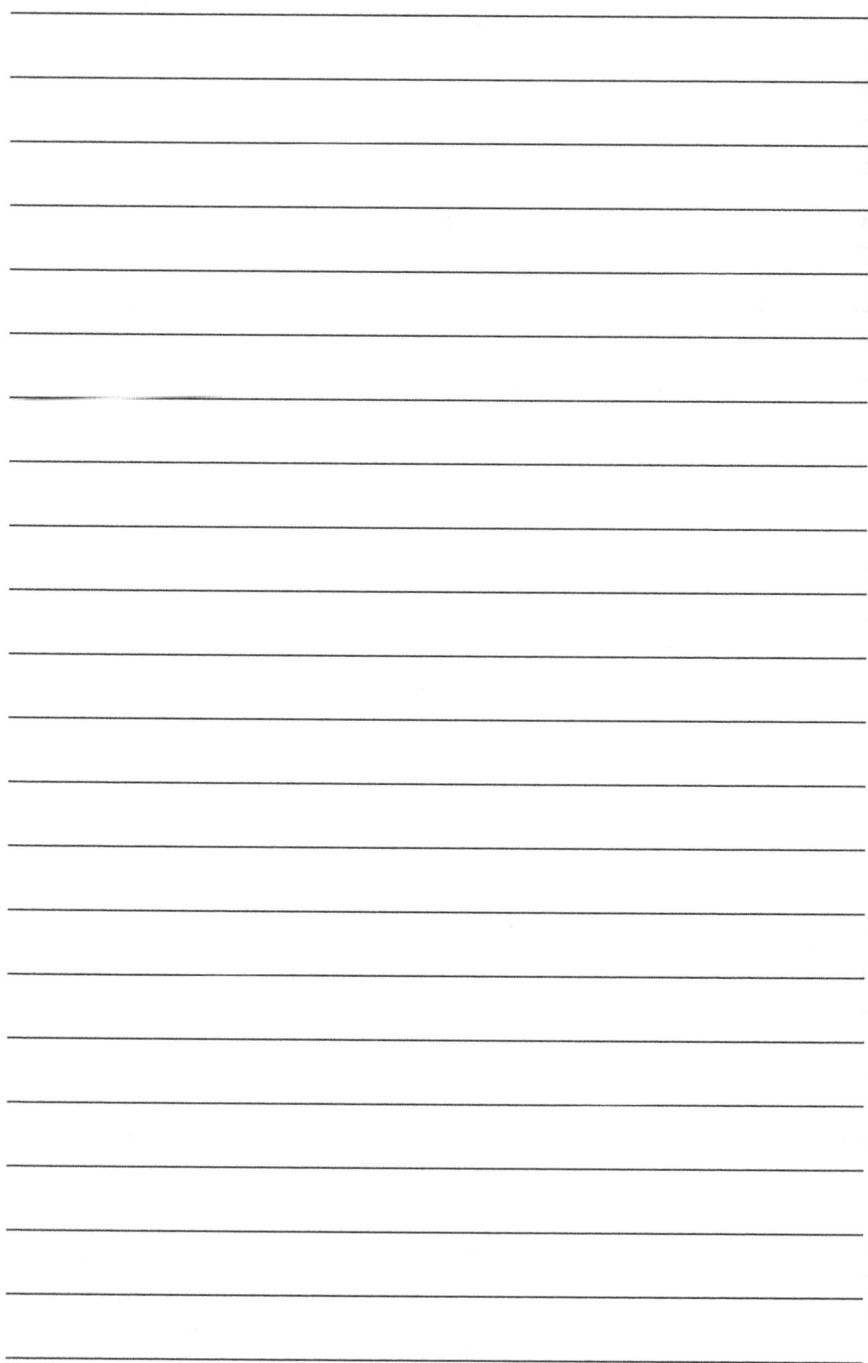

Opportunities:

_____

_____

_____

_____

_____

_____

_____

_____

_____

Lessons Learned:

_____

_____

_____

_____

_____

_____

_____

_____

_____

I'm Thankful For . . .:

_____

_____

_____

_____

_____

_____

_____

_____

Desires of My Heart:

_____

_____

_____

_____

_____

_____

_____

_____

_____

My Daily Journey 32

Day: _____ Date: _____

Time: _____ Location: _____

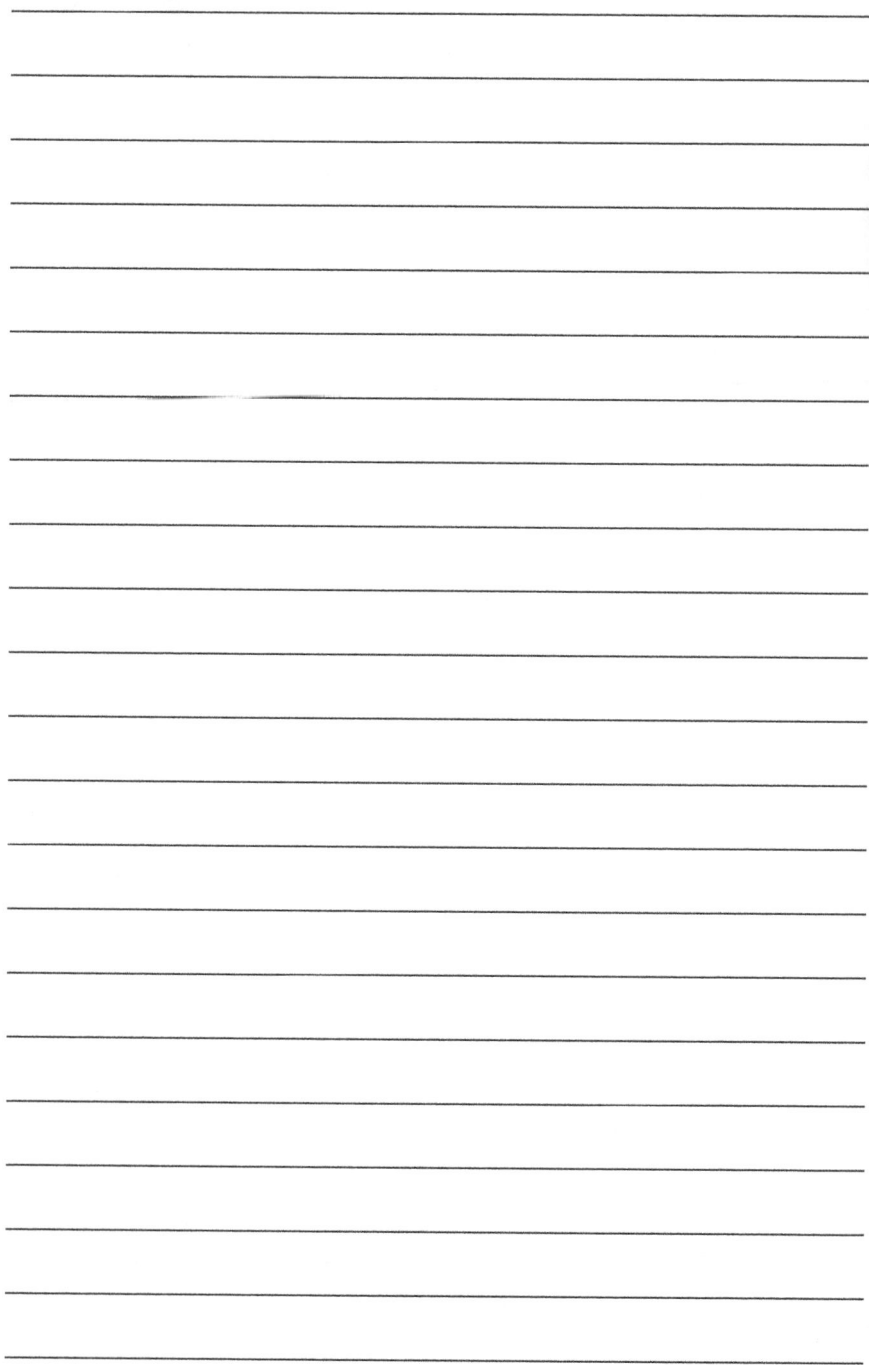

Opportunities:

_____

_____

_____

_____

_____

_____

_____

_____

_____

_____

Lessons Learned:

_____

_____

_____

_____

_____

_____

_____

_____

_____

_____

I'm Thankful For . . .:

_____

_____

_____

_____

_____

_____

_____

_____

Desires of My Heart:

_____

_____

_____

_____

_____

_____

_____

_____

My Daily Journey

33

Day: _____ Date: _____

Time: _____ Location: _____

_____

_____

_____

_____

_____

_____

_____

_____

_____

_____

_____

_____

_____

_____

_____

_____

_____

_____

_____

_____

_____

_____

_____

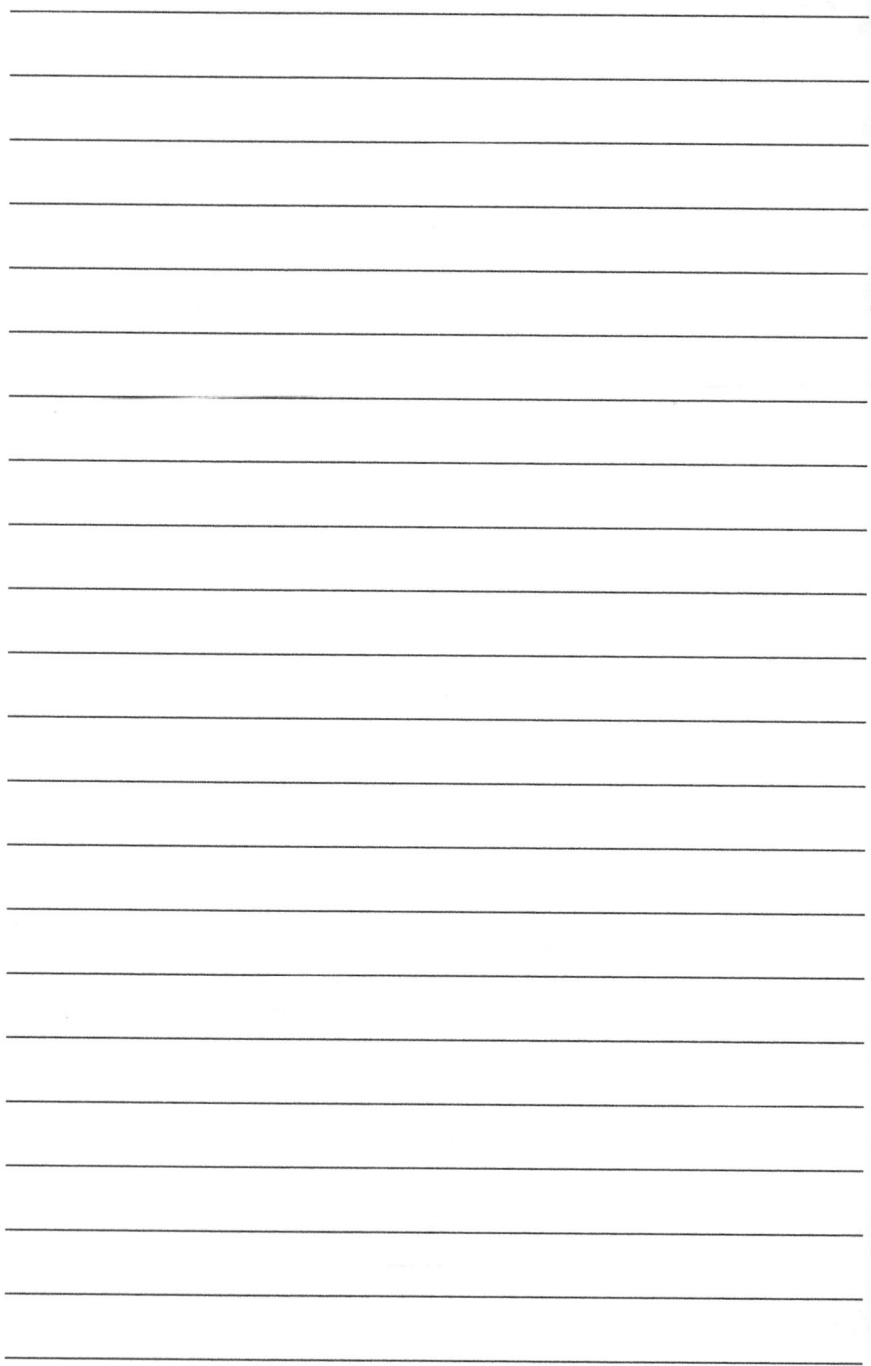

Opportunities:

_____

_____

_____

_____

_____

_____

_____

_____

_____

_____

_____

Lessons Learned:

_____

_____

_____

_____

_____

_____

_____

_____

_____

_____

_____

I'm Thankful For . . .:

_____

_____

_____

_____

_____

_____

_____

_____

_____

Desires of My Heart:

_____

_____

_____

_____

_____

_____

_____

_____

_____

_____

My Daily Journey

34

Day: _____ Date: _____

Time: _____ Location: _____

_____

_____

_____

_____

_____

_____

_____

_____

_____

_____

_____

_____

_____

_____

_____

_____

_____

_____

_____

_____

_____

_____

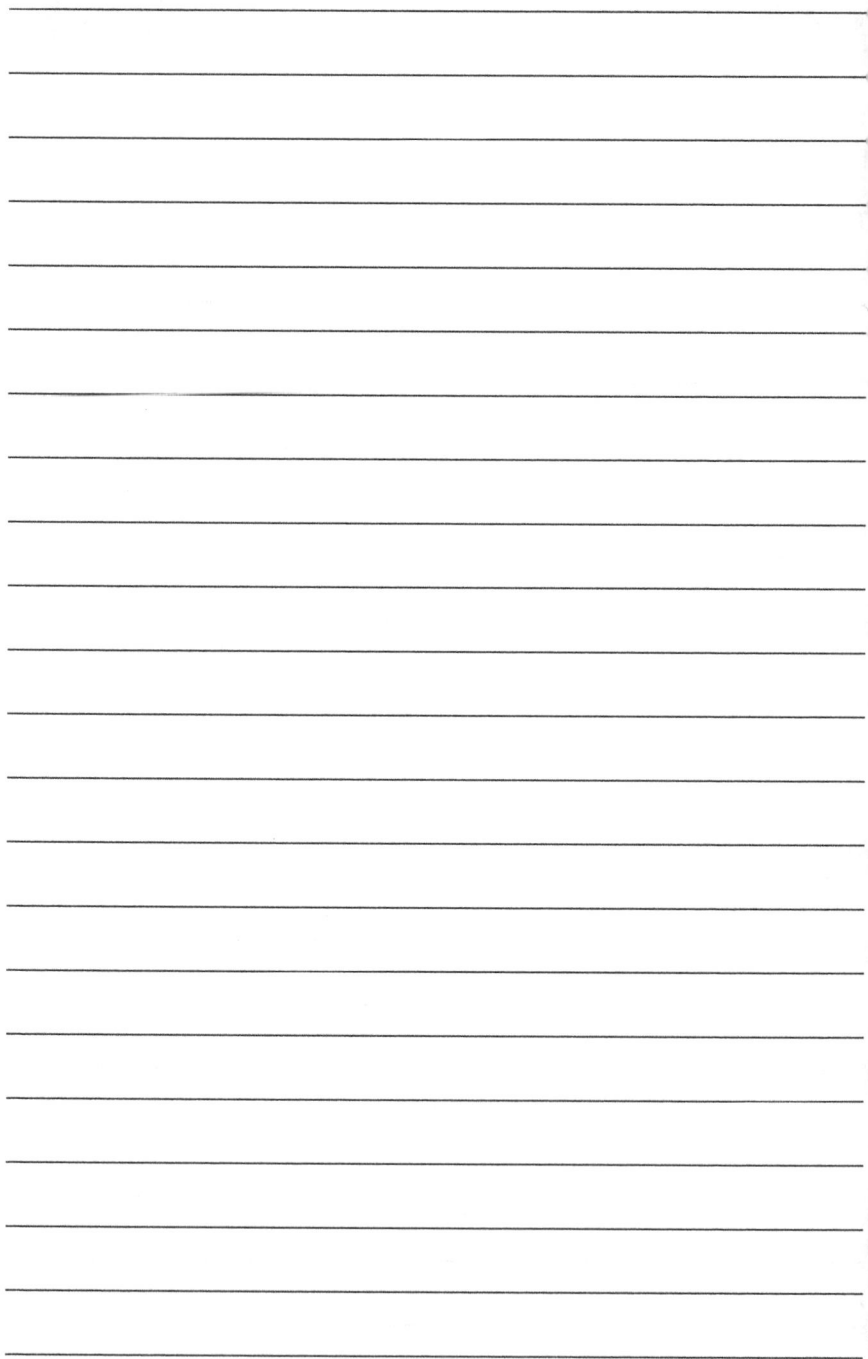

Opportunities:

_____

_____

_____

_____

_____

_____

_____

_____

_____

_____

Lessons Learned:

_____

_____

_____

_____

_____

_____

_____

_____

_____

_____

I'm Thankful For . . .:

_____

_____

_____

_____

_____

_____

_____

_____

Desires of My Heart:

_____

_____

_____

_____

_____

_____

_____

_____

My Daily Journey 35

Day: _____ Date: _____

Time: _____ Location: _____

_____

_____

_____

_____

_____

_____

_____

_____

_____

_____

_____

_____

_____

_____

_____

_____

_____

_____

_____

_____

_____

_____

_____

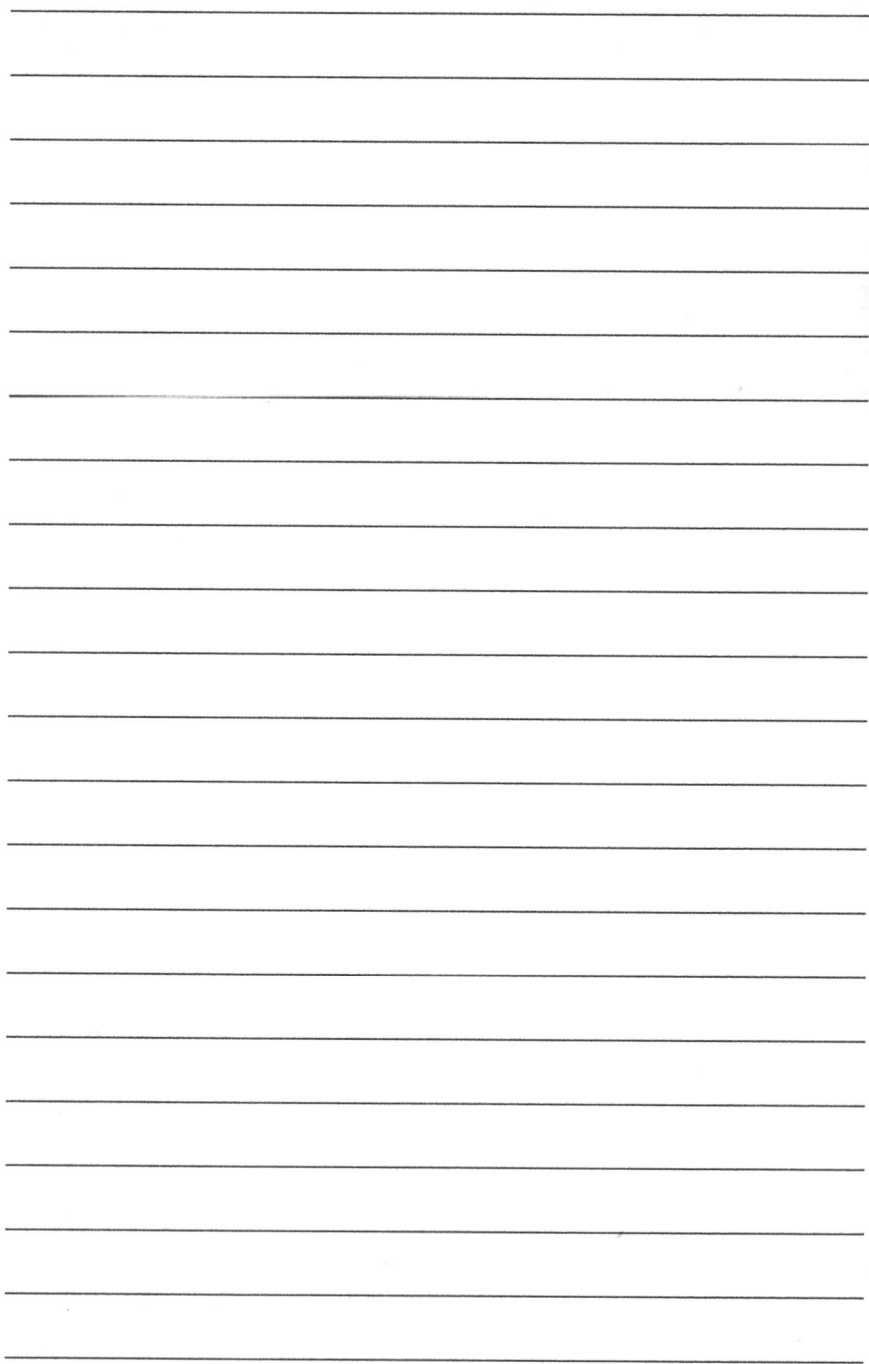

Opportunities:

_____

_____

_____

_____

_____

_____

_____

_____

_____

_____

Lessons Learned:

_____

_____

_____

_____

_____

_____

_____

_____

_____

_____

I'm Thankful For . . .:

_____

_____

_____

_____

_____

_____

_____

_____

Desires of My Heart:

_____

_____

_____

_____

_____

_____

_____

_____

_____

My Daily Journey

36

Day: _____Date:_____

Time: _____Location:_____

_____

_____

_____

_____

_____

_____

_____

_____

_____

_____

_____

_____

_____

_____

_____

_____

_____

_____

_____

_____

_____

_____

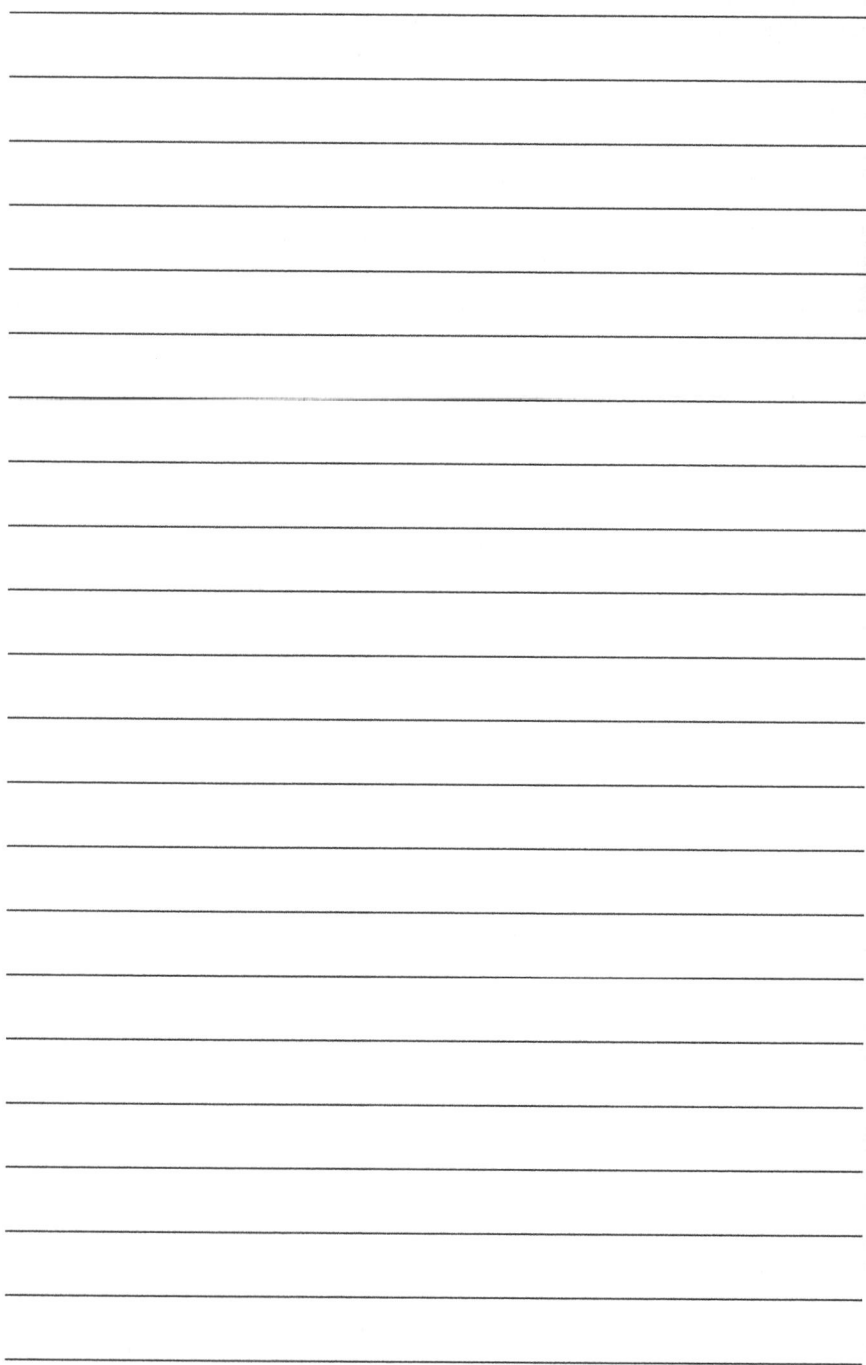

Opportunities:

_____

_____

_____

_____

_____

_____

_____

_____

_____

Lessons Learned:

_____

_____

_____

_____

_____

_____

_____

_____

_____

I'm Thankful For . . .:

_____

_____

_____

_____

_____

_____

_____

_____

Desires of My Heart:

_____

_____

_____

_____

_____

_____

_____

_____

_____

My Daily Journey

37

Day: _____Date:_____

Time: _____Location:_____

_____

_____

_____

_____

_____

_____

_____

_____

_____

_____

_____

_____

_____

_____

_____

_____

_____

_____

_____

_____

_____

_____

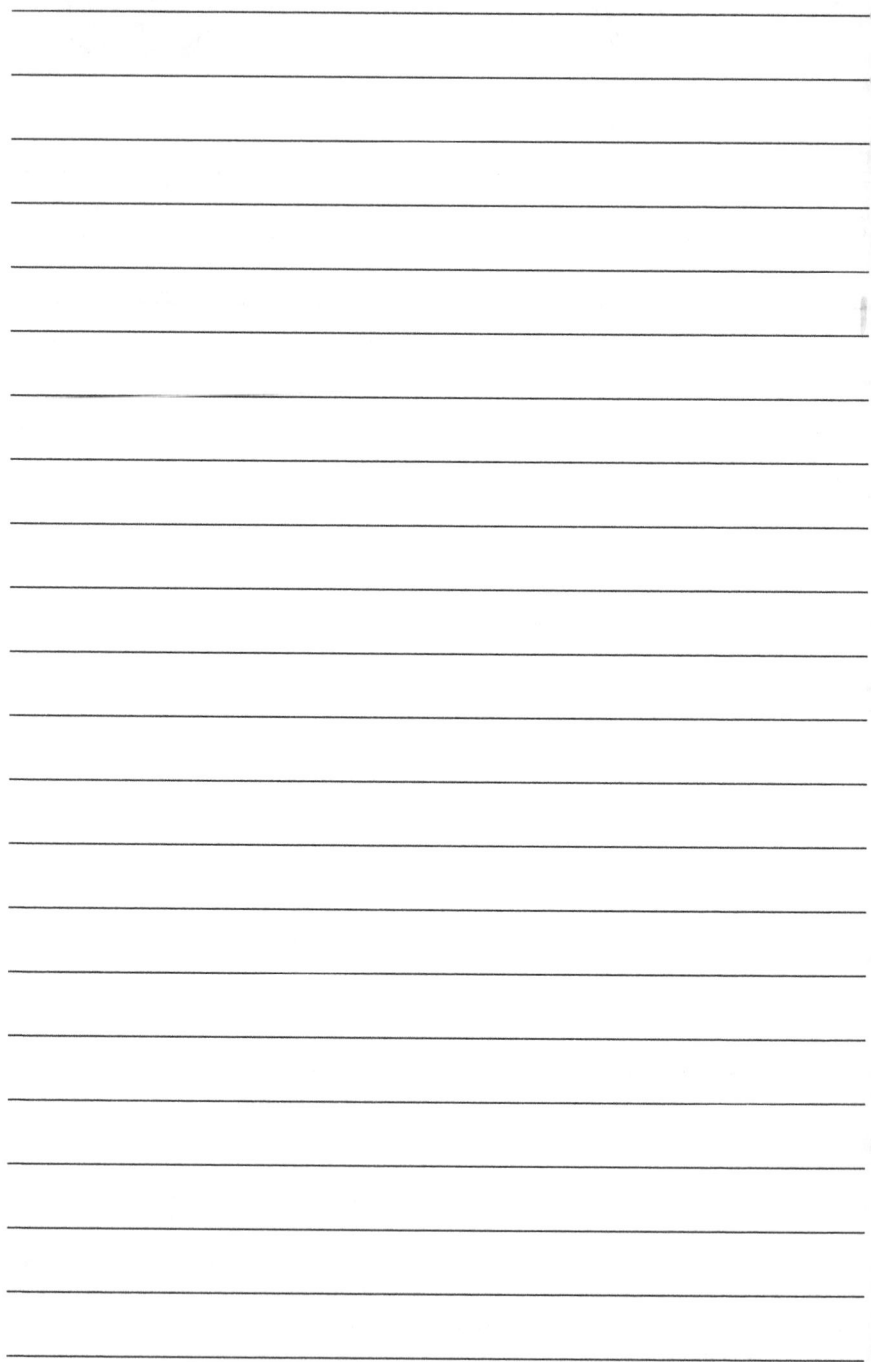

Opportunities:

_____

_____

_____

_____

_____

_____

_____

_____

_____

Lessons Learned:

_____

_____

_____

_____

_____

_____

_____

_____

_____

I'm Thankful For . . .:

_____

_____

_____

_____

_____

_____

_____

_____

Desires of My Heart:

_____

_____

_____

_____

_____

_____

_____

_____

My Daily Journey

38

Day: _____ Date: _____

Time: _____ Location: _____

_____

_____

_____

_____

_____

_____

_____

_____

_____

_____

_____

_____

_____

_____

_____

_____

_____

_____

_____

_____

_____

_____

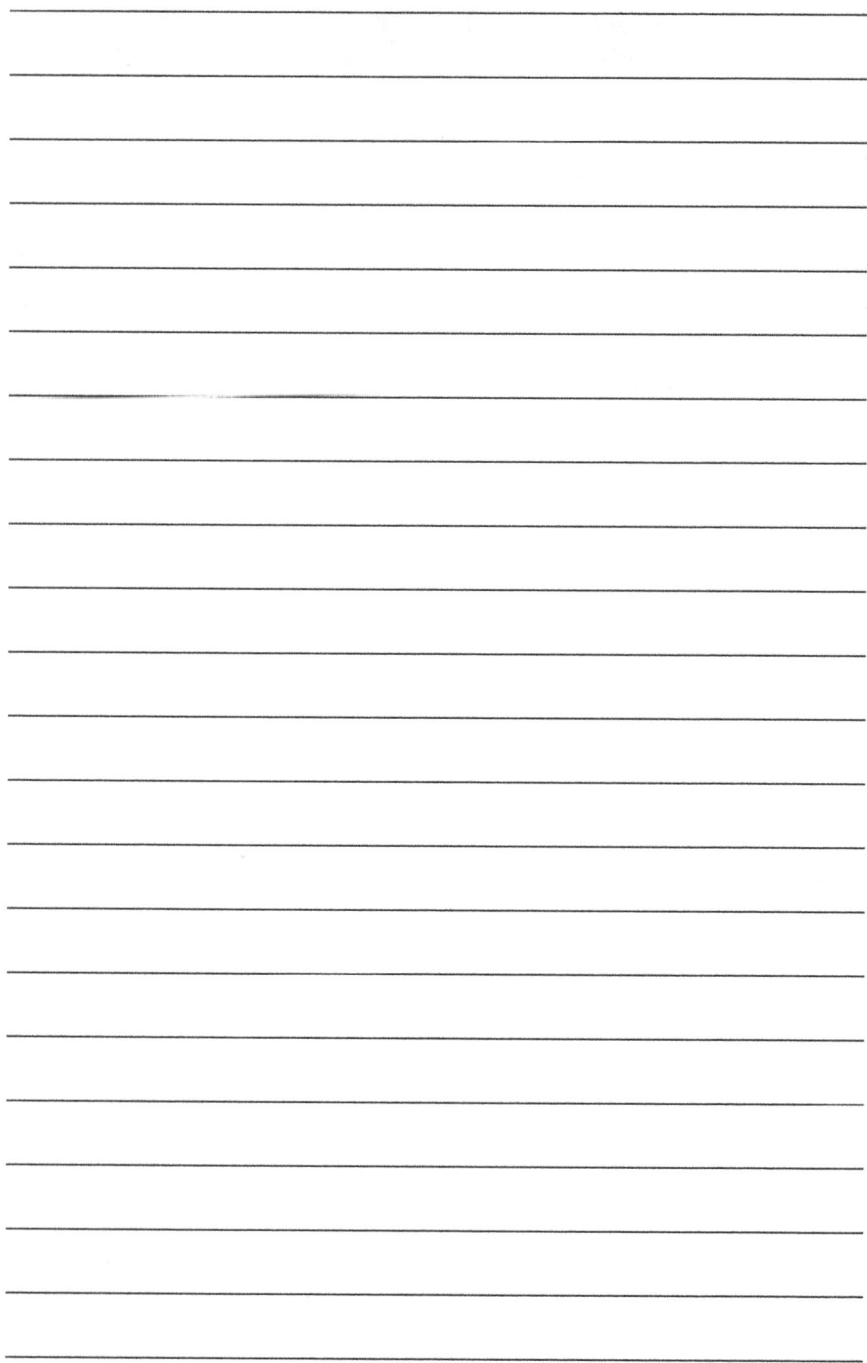

Opportunities:

_____

_____

_____

_____

_____

_____

_____

_____

_____

Lessons Learned:

_____

_____

_____

_____

_____

_____

_____

_____

_____

I'm Thankful For . . .:

_____

_____

_____

_____

_____

_____

_____

_____

Desires of My Heart:

_____

_____

_____

_____

_____

_____

_____

_____

_____

My Daily Journey

39

Day: _____ Date: _____

Time: _____ Location: _____

_____

_____

_____

_____

_____

_____

_____

_____

_____

_____

_____

_____

_____

_____

_____

_____

_____

_____

_____

_____

_____

_____

_____

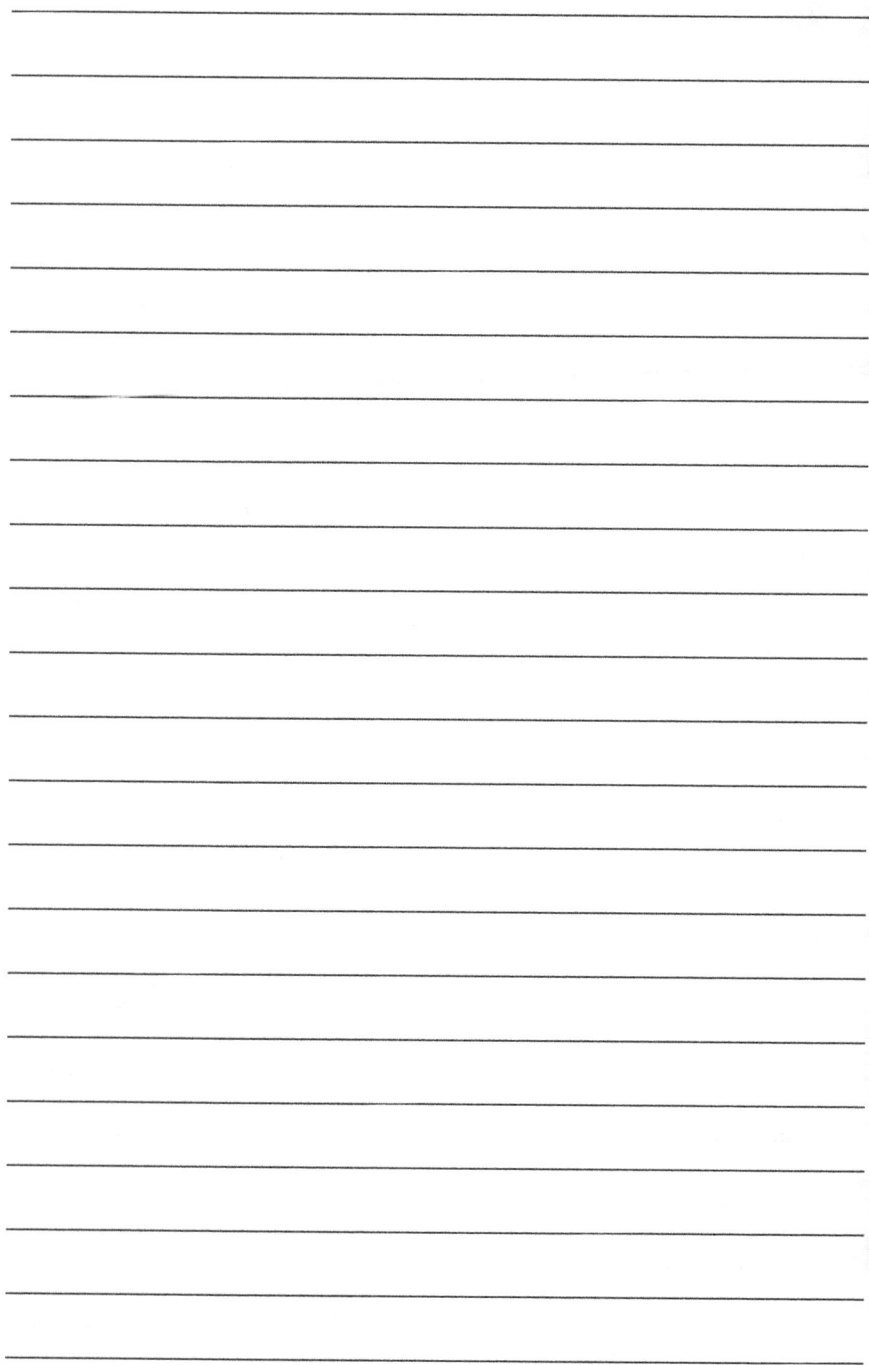

Opportunities:

_____

_____

_____

_____

_____

_____

_____

_____

_____

Lessons Learned:

_____

_____

_____

_____

_____

_____

_____

_____

_____

I'm Thankful For . . .:

_____

_____

_____

_____

_____

_____

_____

_____

Desires of My Heart:

_____

_____

_____

_____

_____

_____

_____

_____

_____

My Daily Journey

40

Day: _____ Date: _____

Time: _____ Location: _____

_____

_____

_____

_____

_____

_____

_____

_____

_____

_____

_____

_____

_____

_____

_____

_____

_____

_____

_____

_____

_____

_____

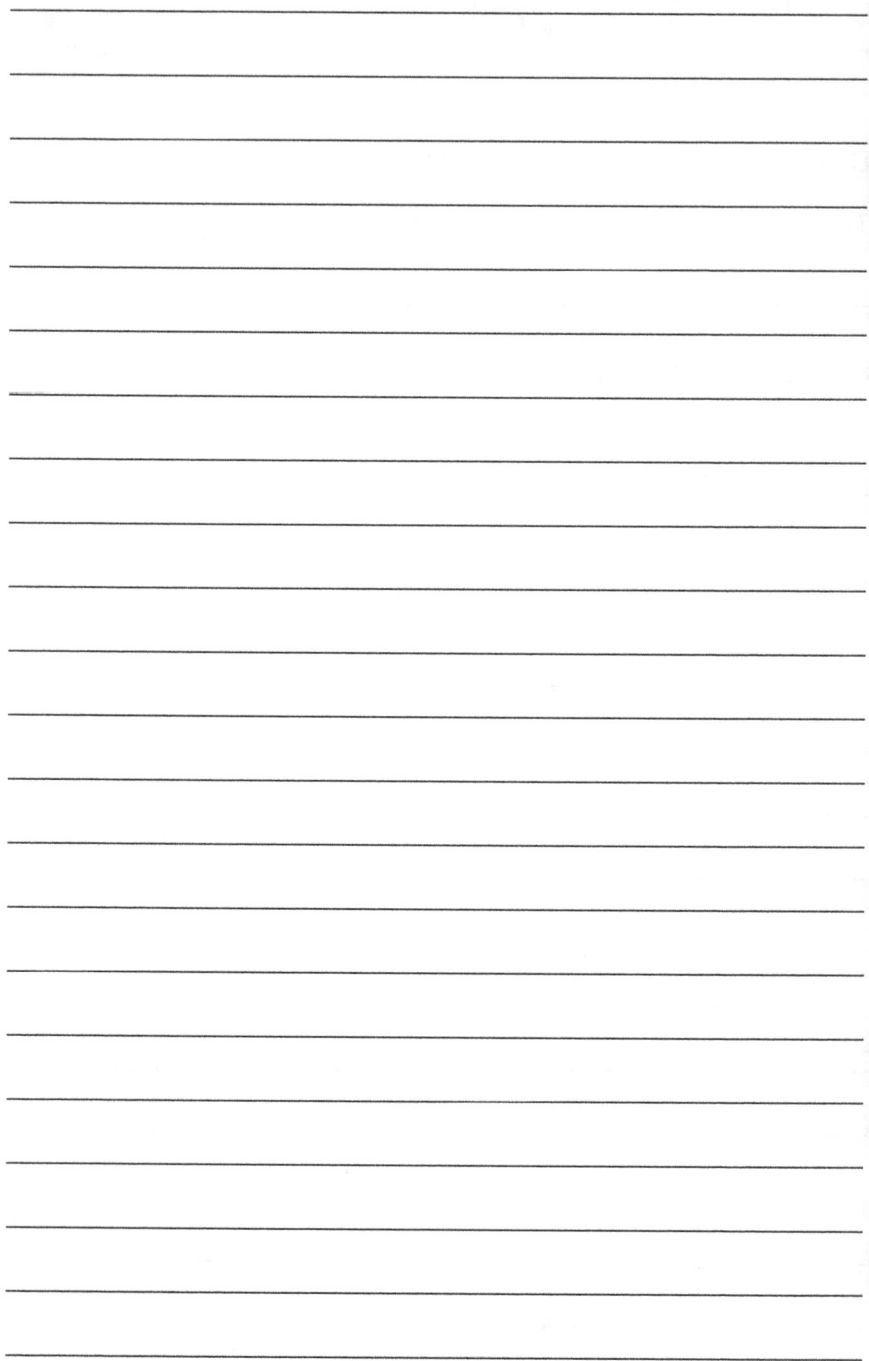

Opportunities:

_____

_____

_____

_____

_____

_____

_____

_____

_____

Lessons Learned:

_____

_____

_____

_____

_____

_____

_____

_____

_____

I'm Thankful For . . .:

_____

_____

_____

_____

_____

_____

_____

_____

Desires of My Heart:

_____

_____

_____

_____

_____

_____

_____

_____

My Daily Journey

41

Day: _____ Date: _____

Time: _____ Location: _____

_____

_____

_____

_____

_____

_____

_____

_____

_____

_____

_____

_____

_____

_____

_____

_____

_____

_____

_____

_____

_____

_____

_____

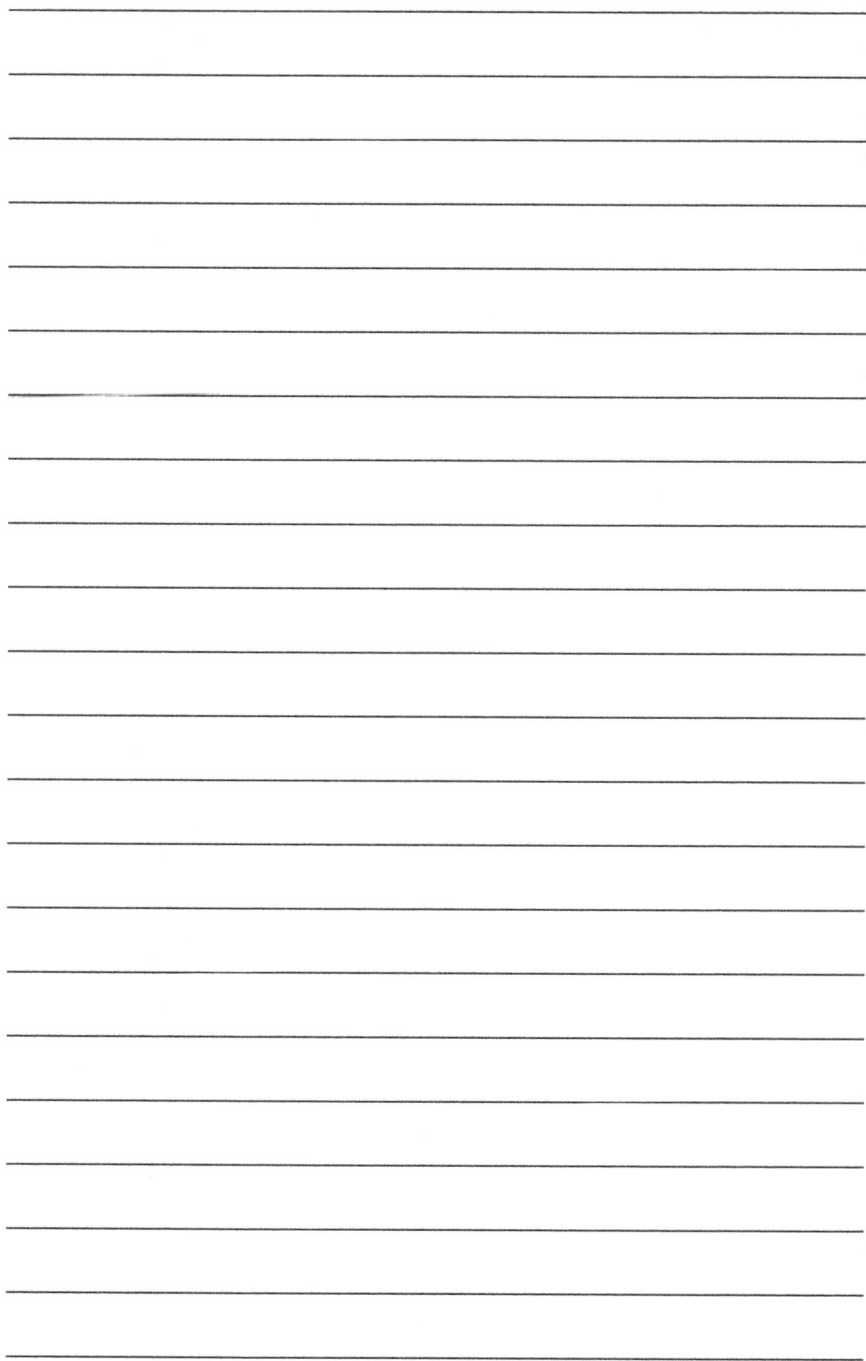

Opportunities:

_____

_____

_____

_____

_____

_____

_____

_____

_____

Lessons Learned:

_____

_____

_____

_____

_____

_____

_____

_____

_____

I'm Thankful For . . .:

_____

_____

_____

_____

_____

_____

_____

_____

Desires of My Heart:

_____

_____

_____

_____

_____

_____

_____

_____

_____

My Daily Journey

42

Day: _____Date:_____

Time: _____Location:_____

_____

_____

_____

_____

_____

_____

_____

_____

_____

_____

_____

_____

_____

_____

_____

_____

_____

_____

_____

_____

_____

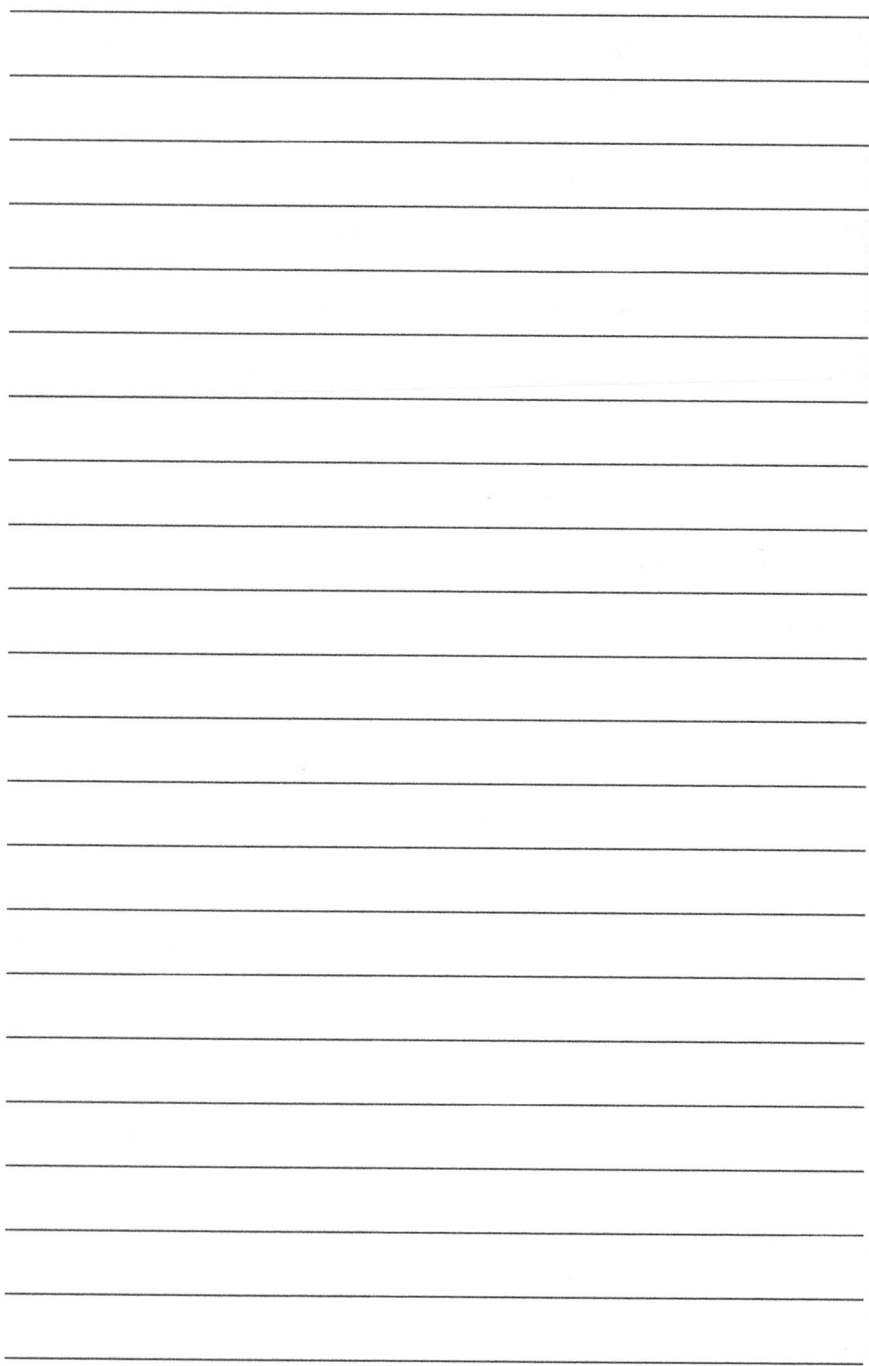

Opportunities:

_____

_____

_____

_____

_____

_____

_____

_____

_____

Lessons Learned:

_____

_____

_____

_____

_____

_____

_____

_____

_____

I'm Thankful For . . .:

_____

_____

_____

_____

_____

_____

_____

_____

Desires of My Heart:

_____

_____

_____

_____

_____

_____

_____

_____

_____

My Daily Journey **43**

Day: _____ Date: _____

Time: _____ Location: _____

_____

_____

_____

_____

_____

_____

_____

_____

_____

_____

_____

_____

_____

_____

_____

_____

_____

_____

_____

_____

_____

_____

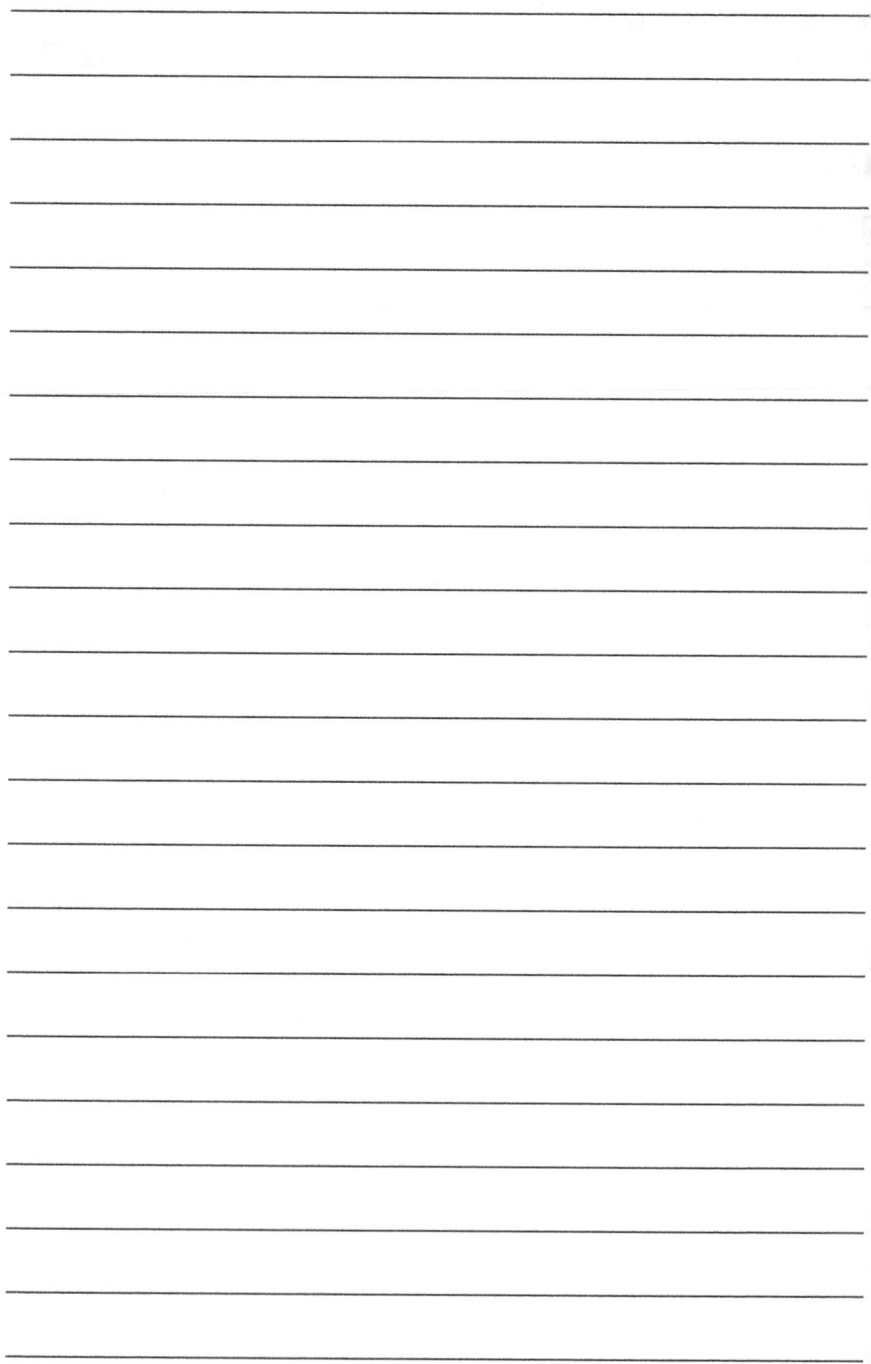

Opportunities:

_____

_____

_____

_____

_____

_____

_____

_____

_____

Lessons Learned:

_____

_____

_____

_____

_____

_____

_____

_____

_____

I'm Thankful For . . .:

_____

_____

_____

_____

_____

_____

_____

_____

Desires of My Heart:

_____

_____

_____

_____

_____

_____

_____

_____

_____

My Daily Journey

44

Day: _____ Date: _____

Time: _____ Location: _____

_____

_____

_____

_____

_____

_____

_____

_____

_____

_____

_____

_____

_____

_____

_____

_____

_____

_____

_____

_____

_____

_____

_____

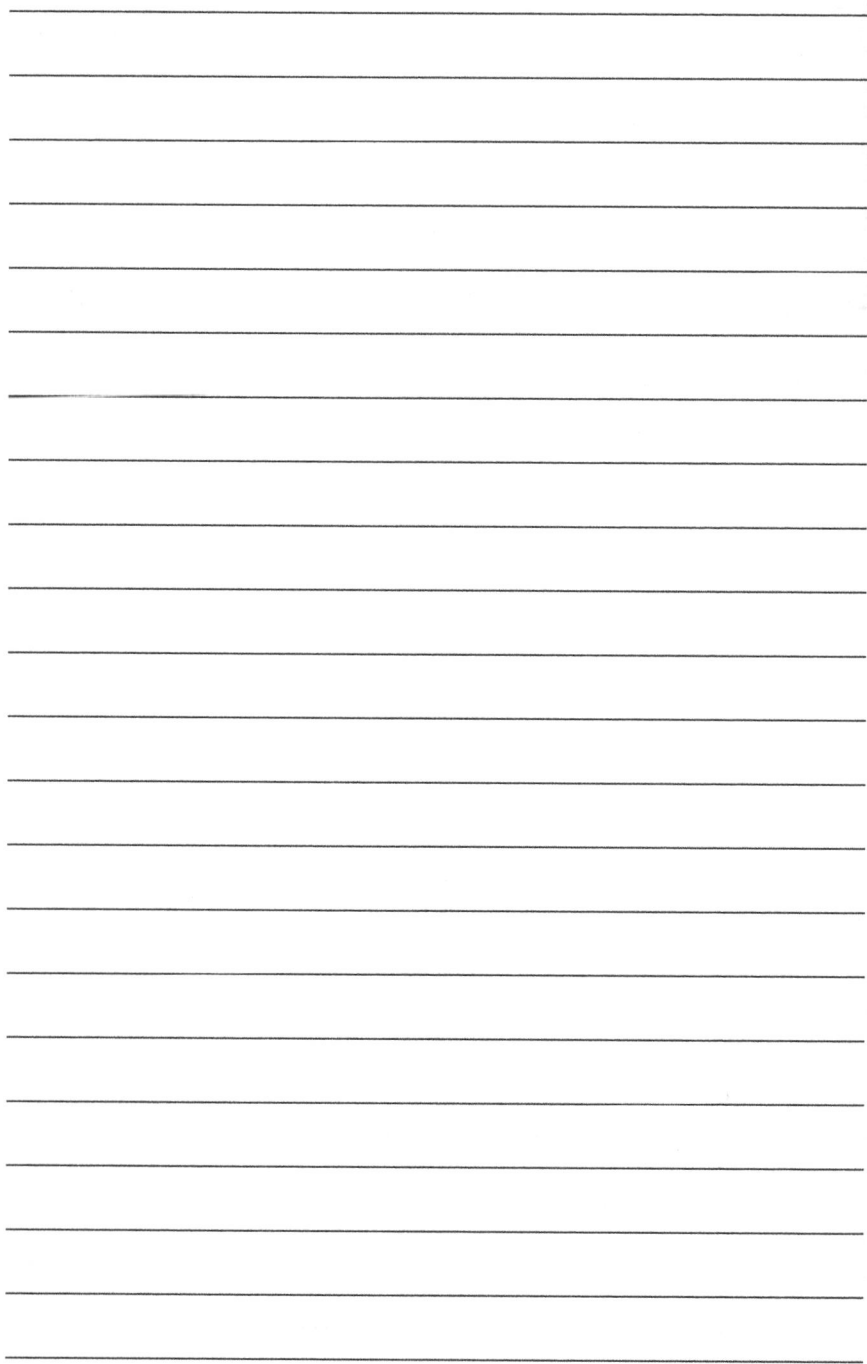

Opportunities:

_____

_____

_____

_____

_____

_____

_____

_____

_____

_____

_____

Lessons Learned:

_____

_____

_____

_____

_____

_____

_____

_____

_____

_____

_____

I'm Thankful For . . .:

_____

_____

_____

_____

_____

_____

_____

_____

Desires of My Heart:

_____

_____

_____

_____

_____

_____

_____

_____

_____

_____

My Daily Journey

45

Day: _____ Date: _____

Time: _____ Location: _____

_____

_____

_____

_____

_____

_____

_____

_____

_____

_____

_____

_____

_____

_____

_____

_____

_____

_____

_____

_____

_____

_____

_____

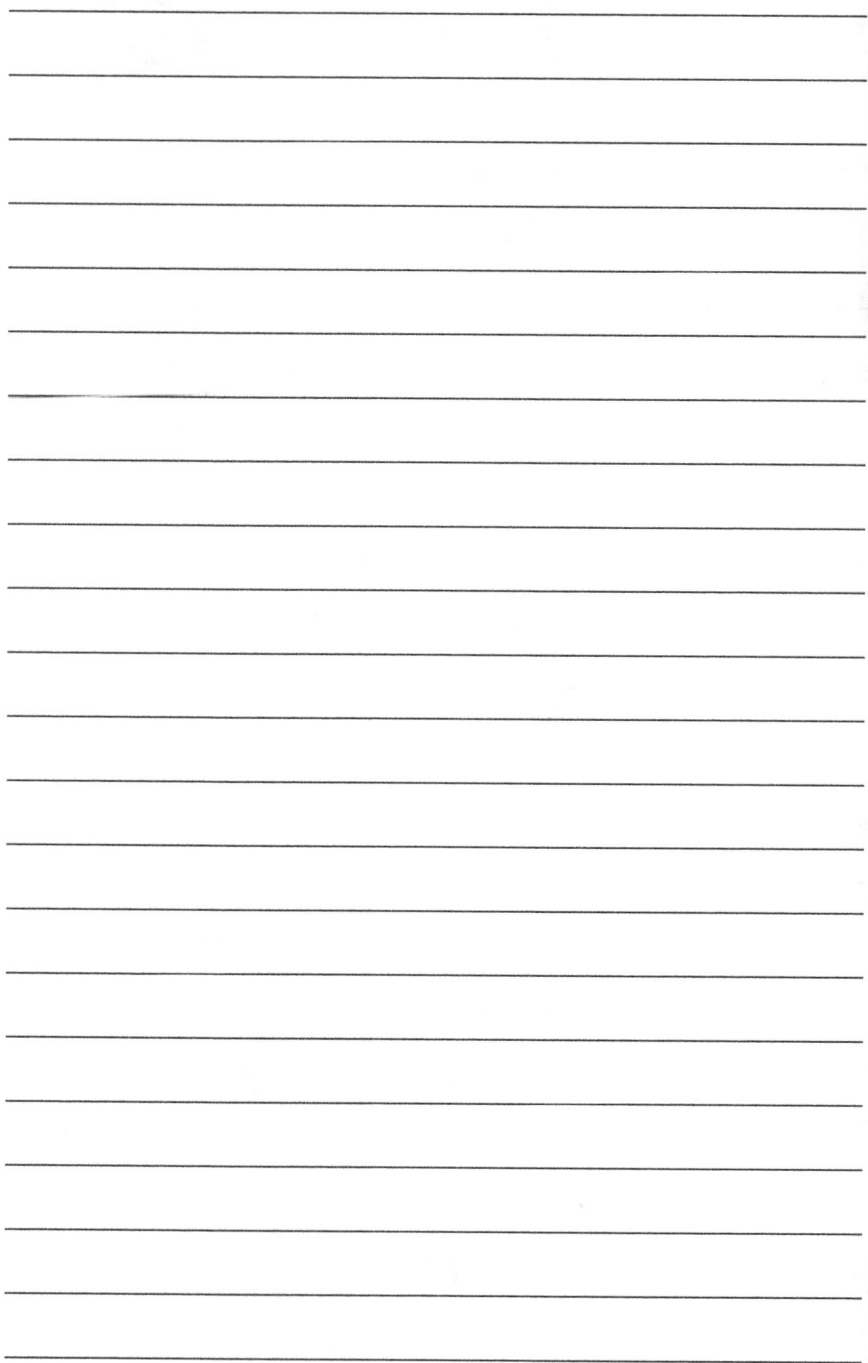

Opportunities:

_____

_____

_____

_____

_____

_____

_____

_____

_____

Lessons Learned:

_____

_____

_____

_____

_____

_____

_____

_____

_____

I'm Thankful For . . .:

_____

_____

_____

_____

_____

_____

_____

_____

Desires of My Heart:

_____

_____

_____

_____

_____

_____

_____

_____

_____

My Daily Journey 46

Day: _____ Date: _____

Time: _____ Location: _____

_____

_____

_____

_____

_____

_____

_____

_____

_____

_____

_____

_____

_____

_____

_____

_____

_____

_____

_____

_____

_____

_____

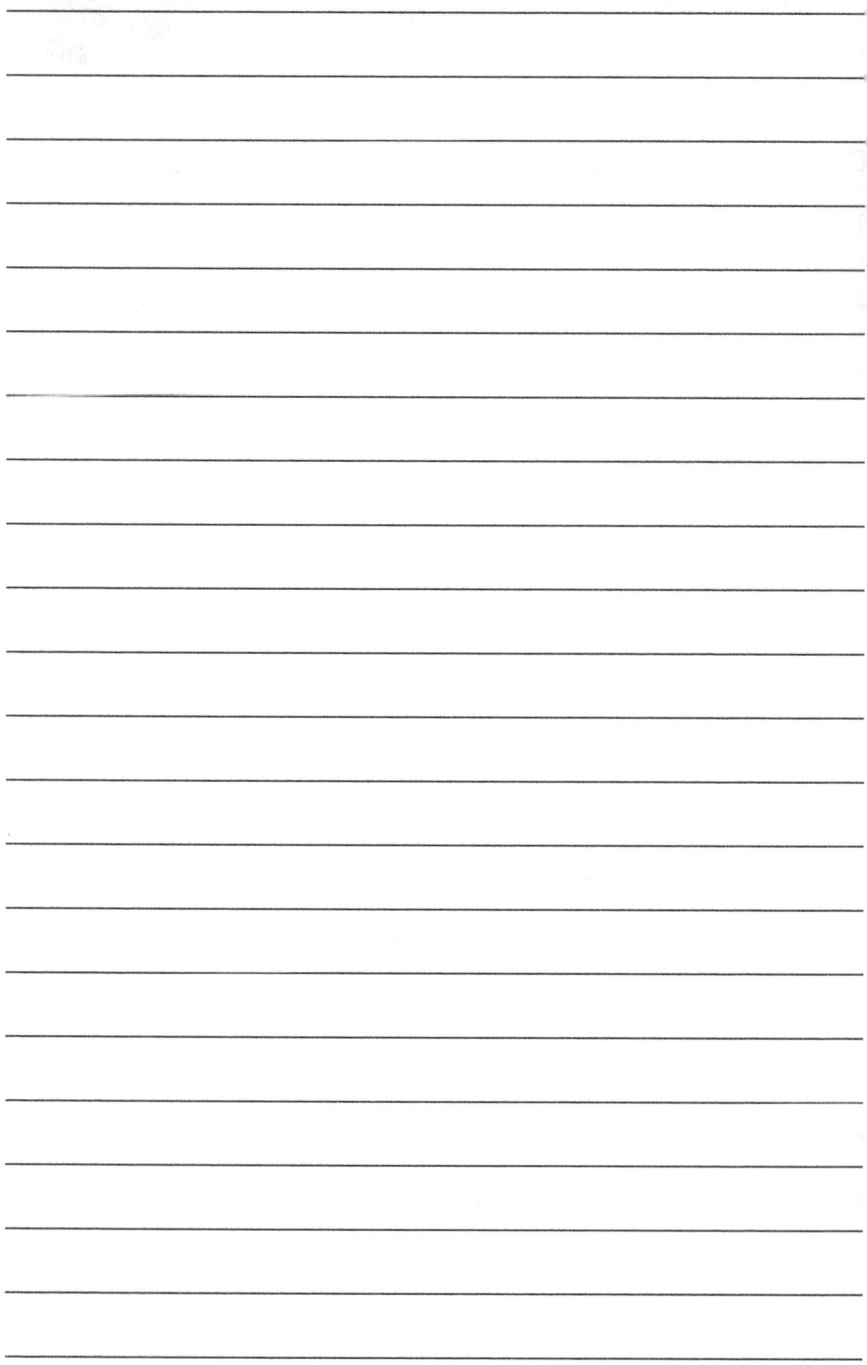

Opportunities:

_____

_____

_____

_____

_____

_____

_____

_____

_____

Lessons Learned:

_____

_____

_____

_____

_____

_____

_____

_____

_____

_____

I'm Thankful For . . .:

_____

_____

_____

_____

_____

_____

_____

_____

_____

Desires of My Heart:

_____

_____

_____

_____

_____

_____

_____

_____

_____

My Daily Journey

47

Day: _____ Date: _____

Time: _____ Location: _____

_____

_____

_____

_____

_____

_____

_____

_____

_____

_____

_____

_____

_____

_____

_____

_____

_____

_____

_____

_____

_____

_____

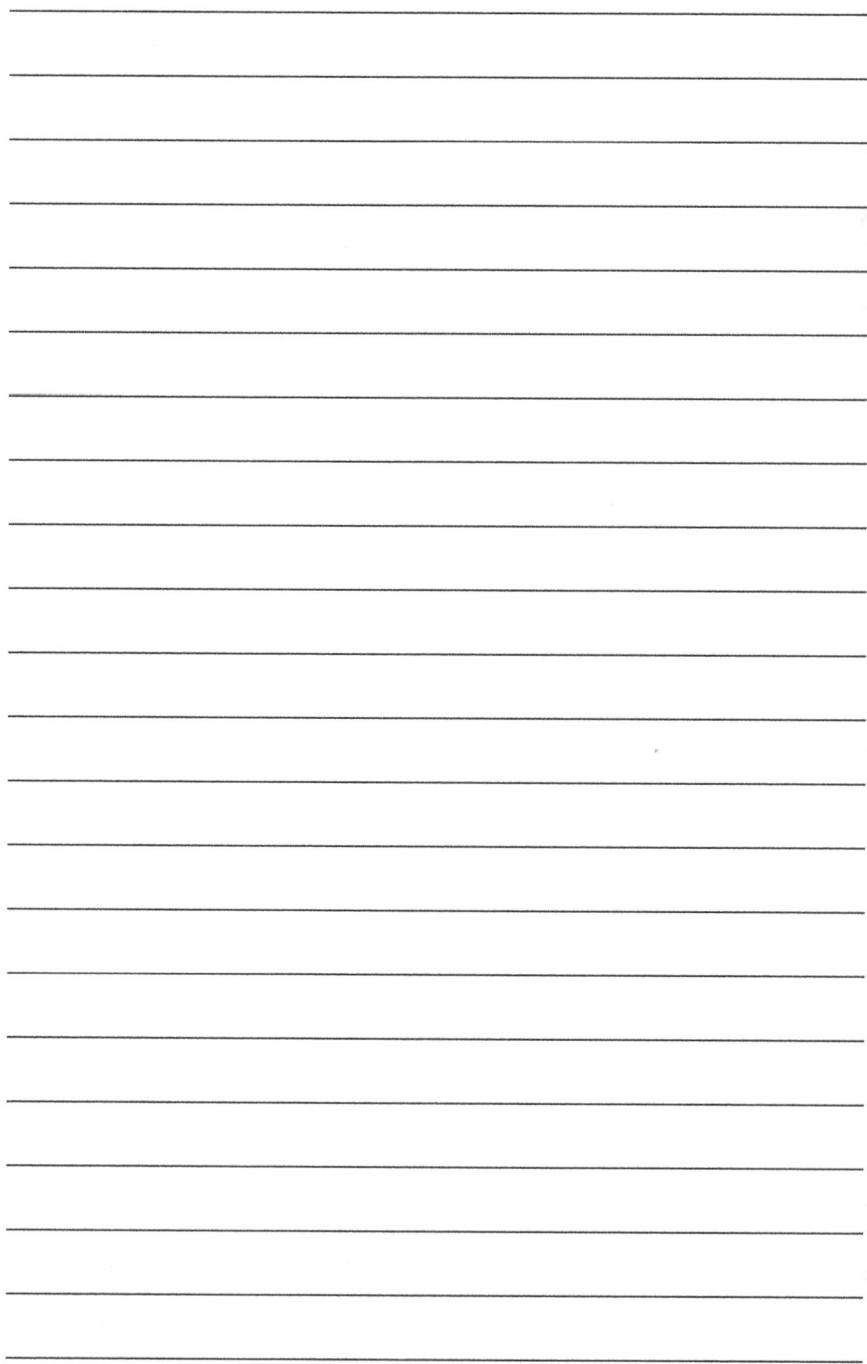

Opportunities:

_____

_____

_____

_____

_____

_____

_____

_____

_____

_____

Lessons Learned:

_____

_____

_____

_____

_____

_____

_____

_____

_____

I'm Thankful For . . .:

_____

_____

_____

_____

_____

_____

_____

_____

Desires of My Heart:

_____

_____

_____

_____

_____

_____

_____

_____

_____

My Daily Journey

48

Day: _____ Date: _____

Time: _____ Location: _____

_____

_____

_____

_____

_____

_____

_____

_____

_____

_____

_____

_____

_____

_____

_____

_____

_____

_____

_____

_____

_____

_____

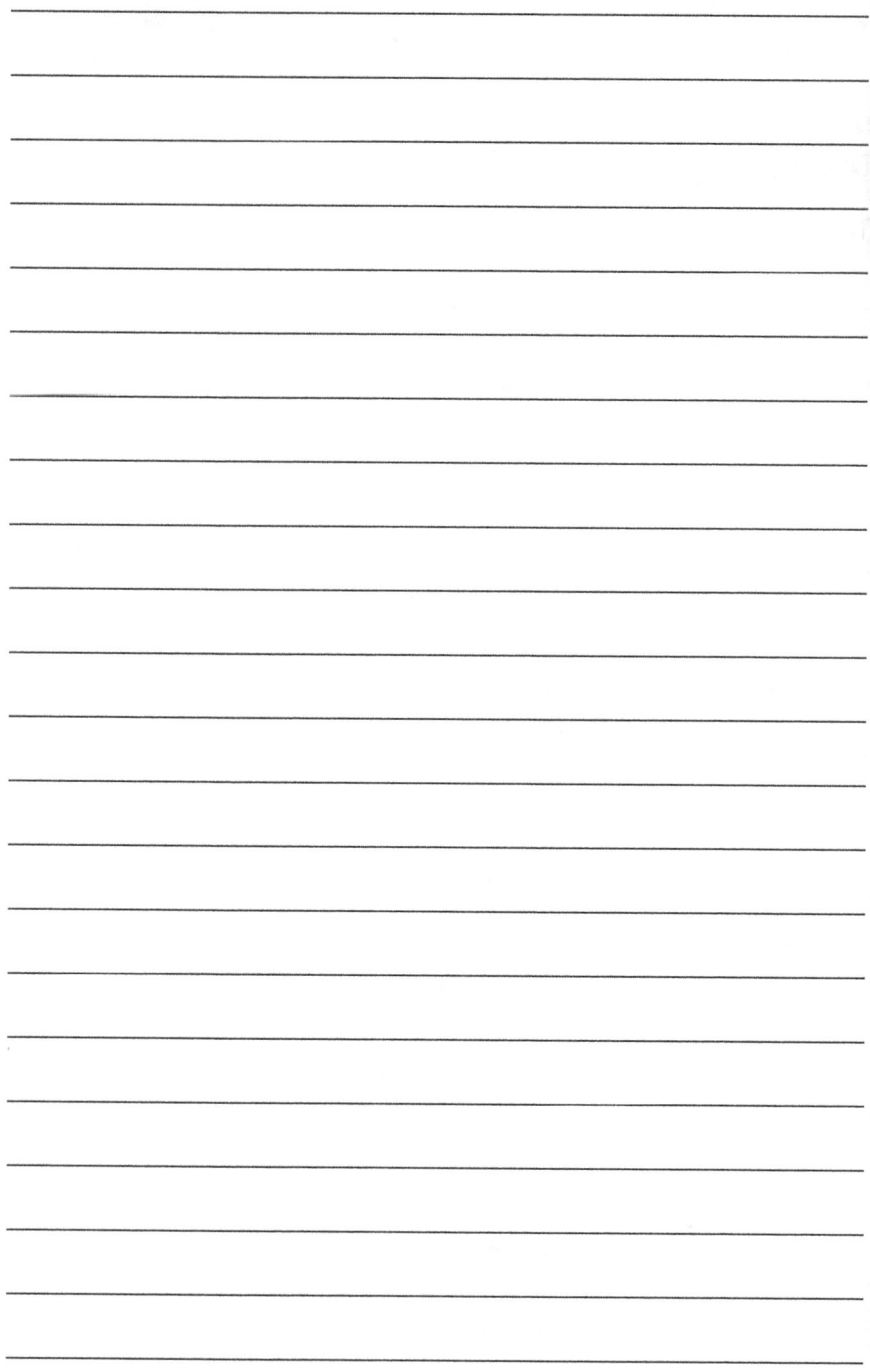

Opportunities:

_____

_____

_____

_____

_____

_____

_____

_____

_____

Lessons Learned:

_____

_____

_____

_____

_____

_____

_____

_____

_____

I'm Thankful For . . .:

_____

_____

_____

_____

_____

_____

_____

_____

Desires of My Heart:

_____

_____

_____

_____

_____

_____

_____

_____

_____

My Daily Journey

49

Day: _____ Date: _____

Time: _____ Location: _____

_____
_____
_____
_____
_____
_____
_____
_____
_____
_____
_____
_____
_____
_____
_____
_____
_____
_____
_____
_____
_____
_____
_____

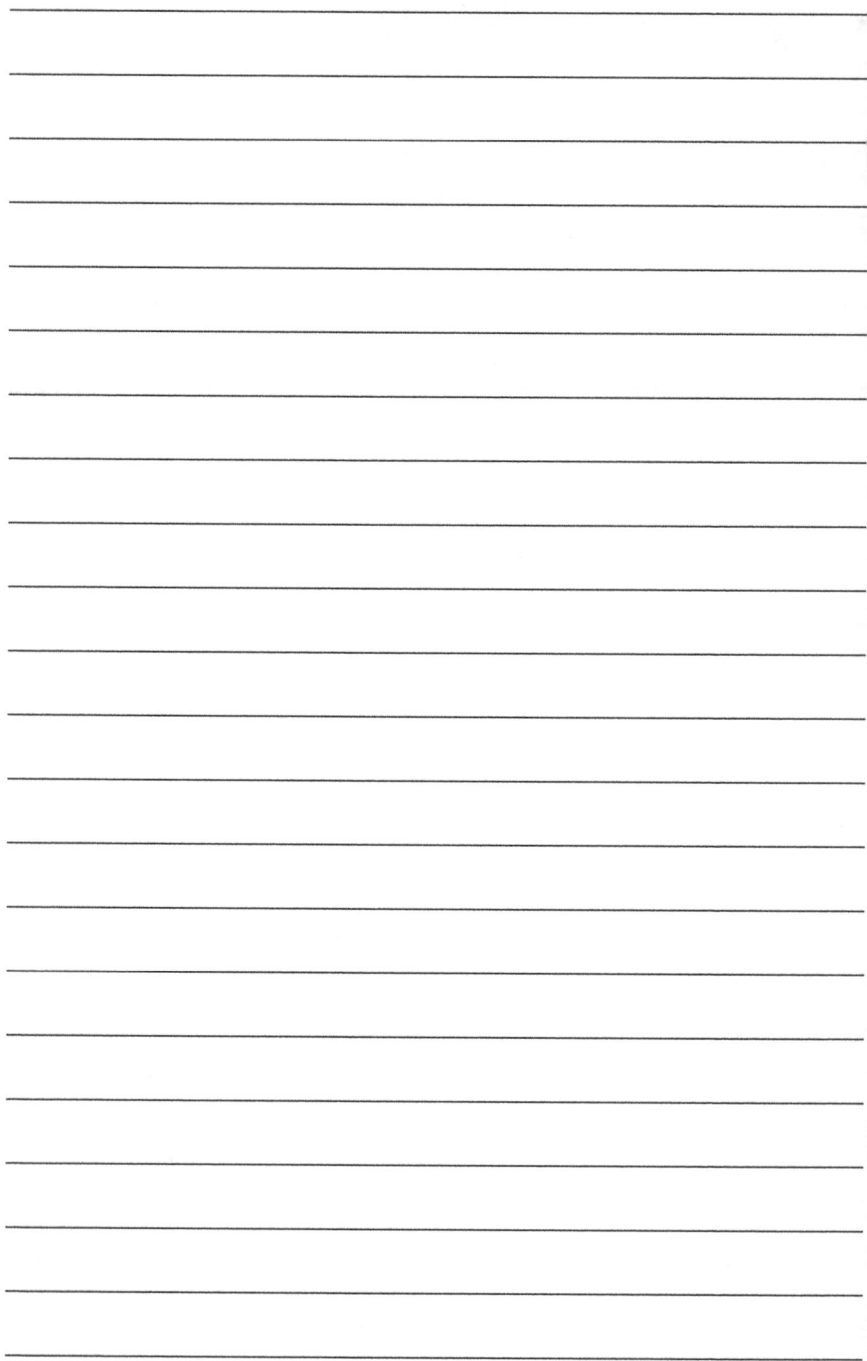

Opportunities:

_____

_____

_____

_____

_____

_____

_____

_____

_____

_____

Lessons Learned:

_____

_____

_____

_____

_____

_____

_____

_____

_____

_____

I'm Thankful For . . .:

_____

_____

_____

_____

_____

_____

_____

_____

Desires of My Heart:

_____

_____

_____

_____

_____

_____

_____

_____

My Daily Journey

50

Day: _____ Date: _____

Time: _____ Location: _____

_____

_____

_____

_____

_____

_____

_____

_____

_____

_____

_____

_____

_____

_____

_____

_____

_____

_____

_____

_____

_____

_____

_____

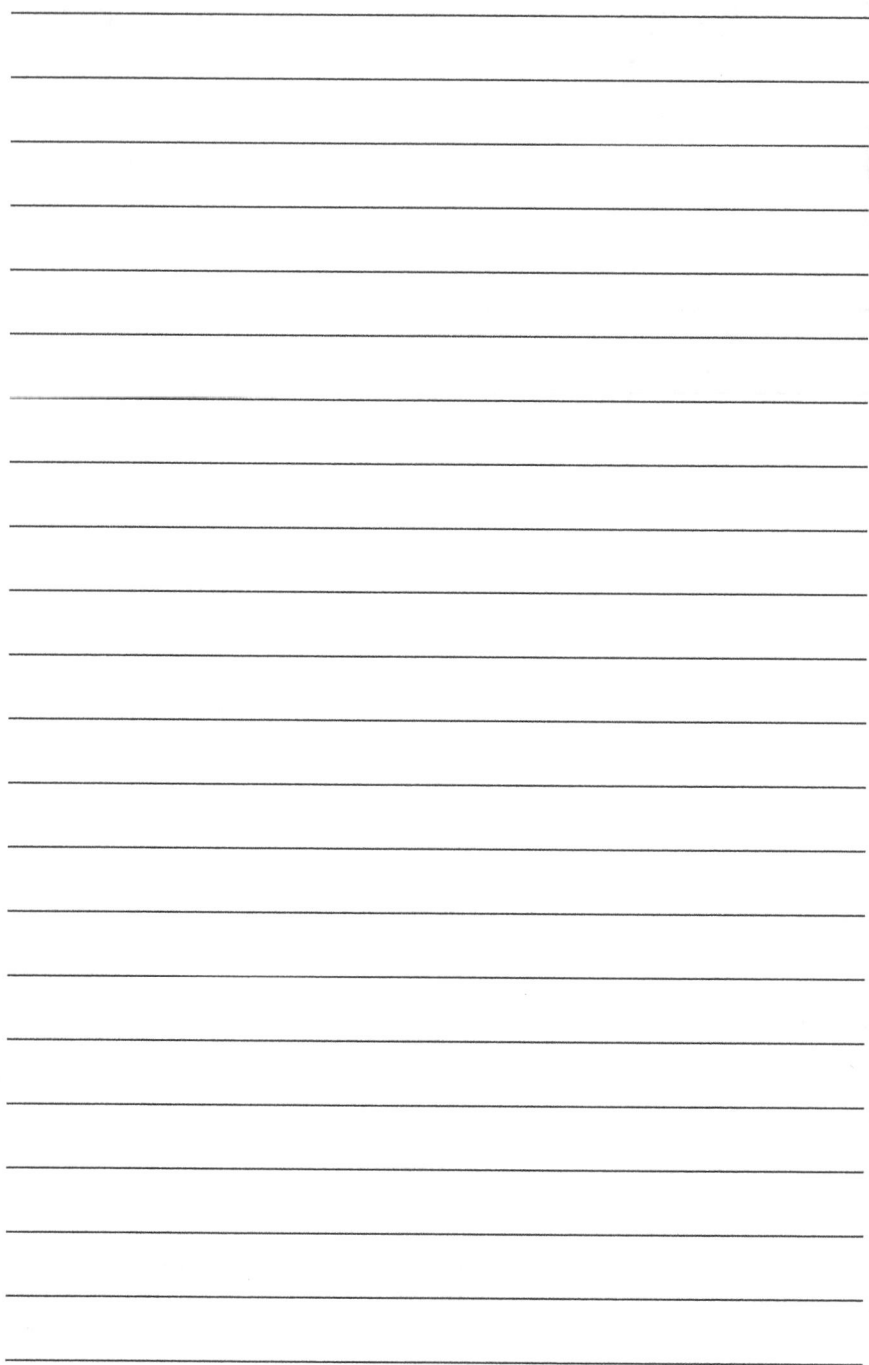

Opportunities:

_____

_____

_____

_____

_____

_____

_____

_____

_____

_____

Lessons Learned:

_____

_____

_____

_____

_____

_____

_____

_____

_____

_____

I'm Thankful For . . .:

_____

_____

_____

_____

_____

_____

_____

_____

_____

Desires of My Heart:

_____

_____

_____

_____

_____

_____

_____

_____

_____

_____

My Daily Journey

51

Day: _____ Date: _____

Time: _____ Location: _____

_____
_____
_____
_____
_____
_____
_____
_____
_____
_____
_____
_____
_____
_____
_____
_____
_____
_____
_____
_____
_____
_____
_____
_____

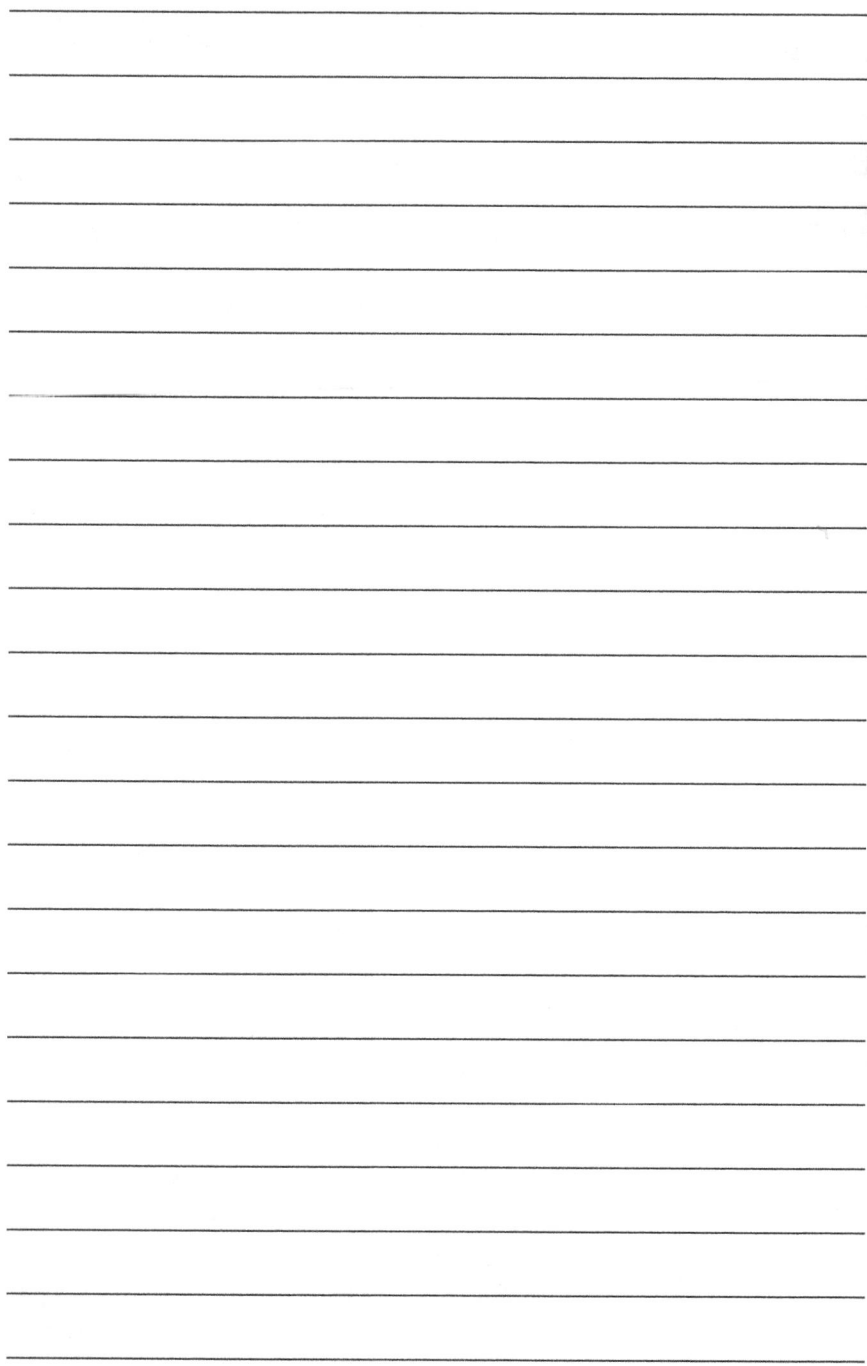

Opportunities:

_____

_____

_____

_____

_____

_____

_____

_____

_____

Lessons Learned:

_____

_____

_____

_____

_____

_____

_____

_____

_____

I'm Thankful For . . .:

_____

_____

_____

_____

_____

_____

_____

_____

_____

Desires of My Heart:

_____

_____

_____

_____

_____

_____

_____

_____

_____

My Daily Journey

52

Day: _____ Date: _____

Time: _____ Location: _____

_____
_____
_____
_____
_____
_____
_____
_____
_____
_____
_____
_____
_____
_____
_____
_____
_____
_____
_____
_____
_____
_____
_____

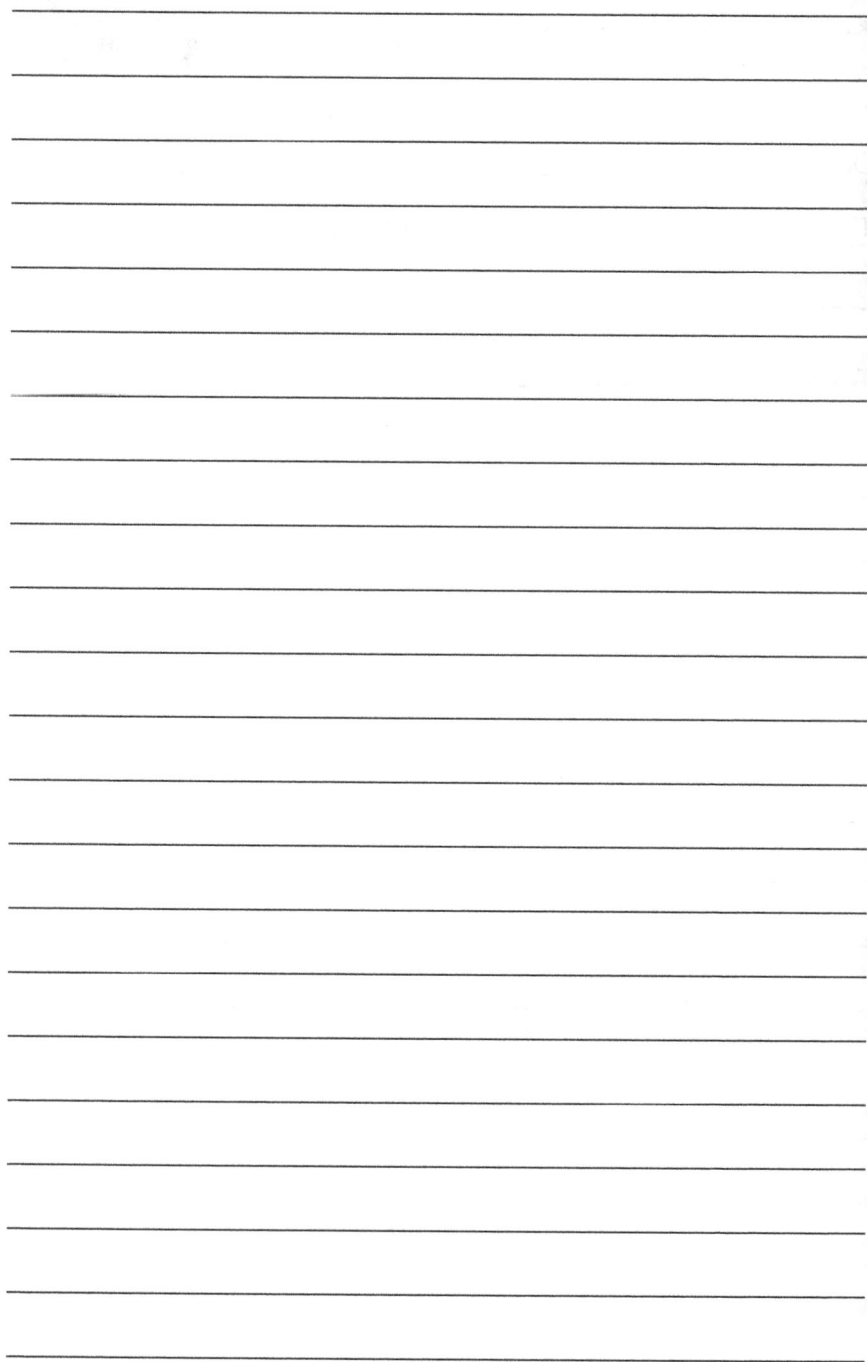

Opportunities:

_____

_____

_____

_____

_____

_____

_____

_____

_____

Lessons Learned:

_____

_____

_____

_____

_____

_____

_____

_____

_____

I'm Thankful For . . .:

_____

_____

_____

_____

_____

_____

_____

_____

Desires of My Heart:

_____

_____

_____

_____

_____

_____

_____

_____

_____

My Daily Journey

53

Day: _____ Date: _____

Time: _____ Location: _____

_____

_____

_____

_____

_____

_____

_____

_____

_____

_____

_____

_____

_____

_____

_____

_____

_____

_____

_____

_____

_____

_____

_____

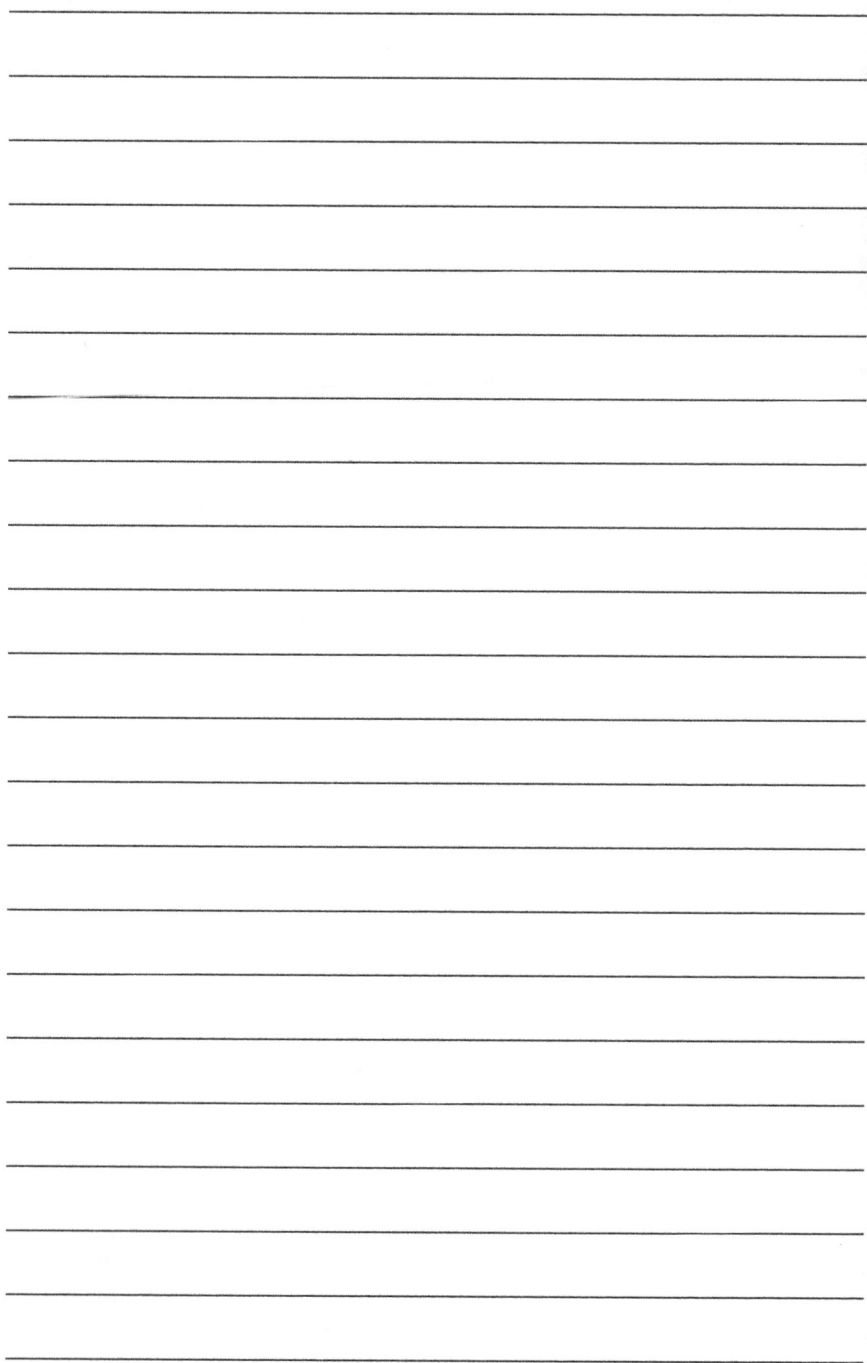

Opportunities:

_____

_____

_____

_____

_____

_____

_____

_____

_____

_____

Lessons Learned:

_____

_____

_____

_____

_____

_____

_____

_____

_____

I'm Thankful For . . .:

_____

_____

_____

_____

_____

_____

_____

_____

Desires of My Heart:

_____

_____

_____

_____

_____

_____

_____

_____

_____

My Daily Journey

54

Day: _____ Date: _____

Time: _____ Location: _____

_____

_____

_____

_____

_____

_____

_____

_____

_____

_____

_____

_____

_____

_____

_____

_____

_____

_____

_____

_____

_____

_____

_____

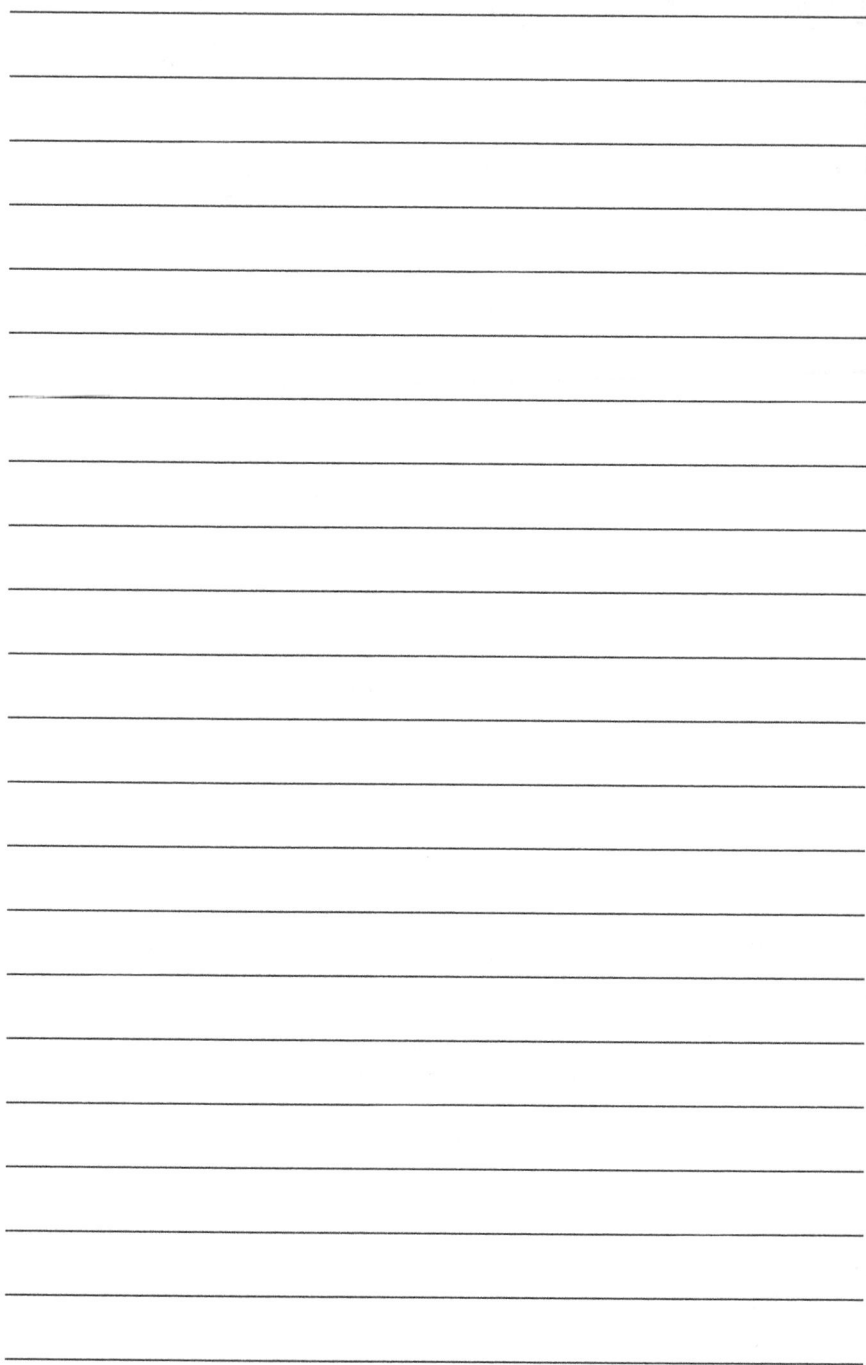

Opportunities:

_____

_____

_____

_____

_____

_____

_____

_____

_____

Lessons Learned:

_____

_____

_____

_____

_____

_____

_____

_____

_____

I'm Thankful For . . .:

_____

_____

_____

_____

_____

_____

_____

_____

Desires of My Heart:

_____

_____

_____

_____

_____

_____

_____

_____

_____

My Daily Journey 55

Day: _____ Date: _____

Time: _____ Location: _____

_____

_____

_____

_____

_____

_____

_____

_____

_____

_____

_____

_____

_____

_____

_____

_____

_____

_____

_____

_____

_____

_____

_____

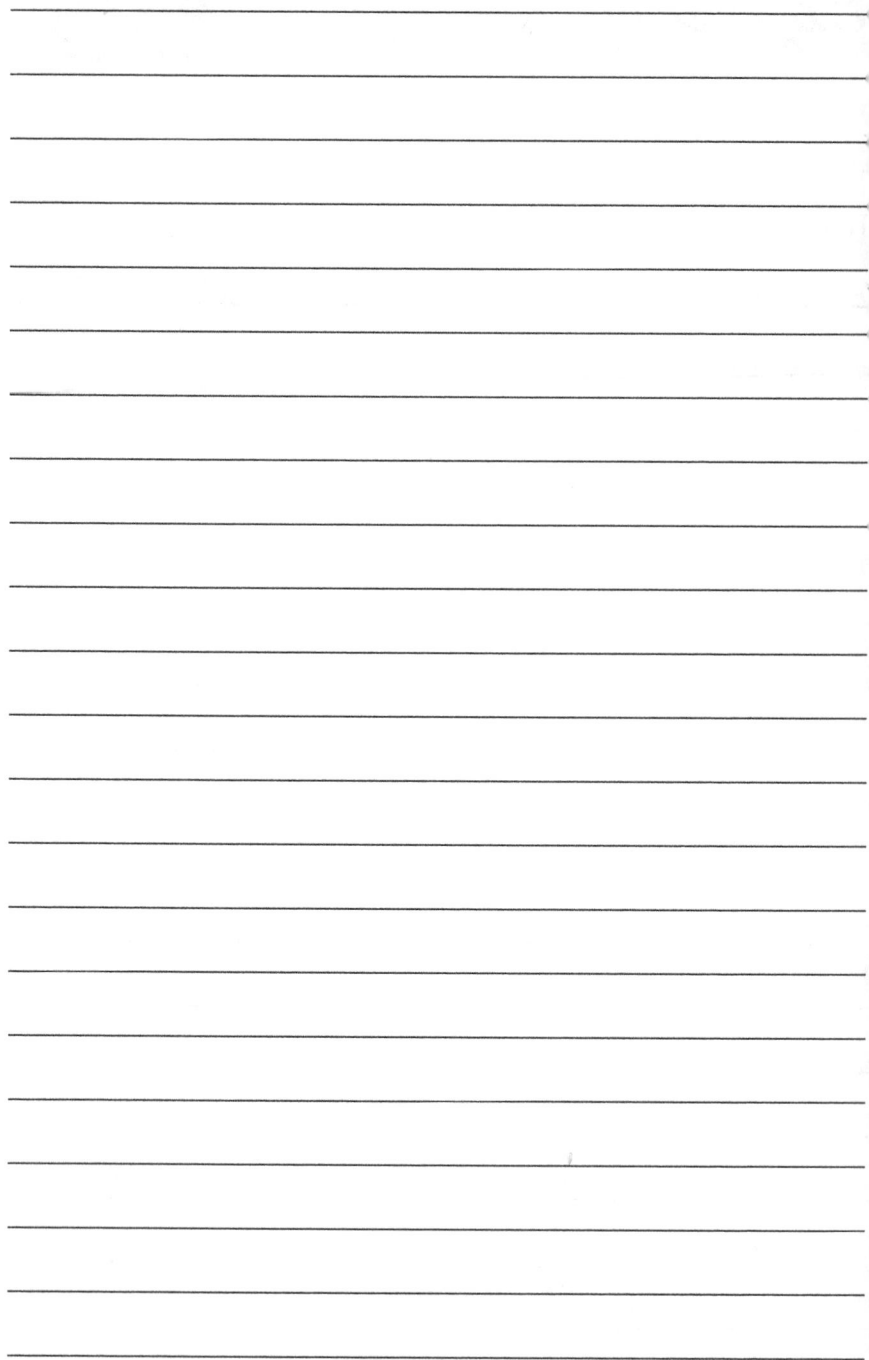

Opportunities:

_____

_____

_____

_____

_____

_____

_____

_____

_____

Lessons Learned:

_____

_____

_____

_____

_____

_____

_____

_____

_____

I'm Thankful For . . .:

_____

_____

_____

_____

_____

_____

_____

_____

Desires of My Heart:

_____

_____

_____

_____

_____

_____

_____

_____

_____

My Daily Journey 56

Day: _____ Date: _____

Time: _____ Location: _____

_____

_____

_____

_____

_____

_____

_____

_____

_____

_____

_____

_____

_____

_____

_____

_____

_____

_____

_____

_____

_____

_____

_____

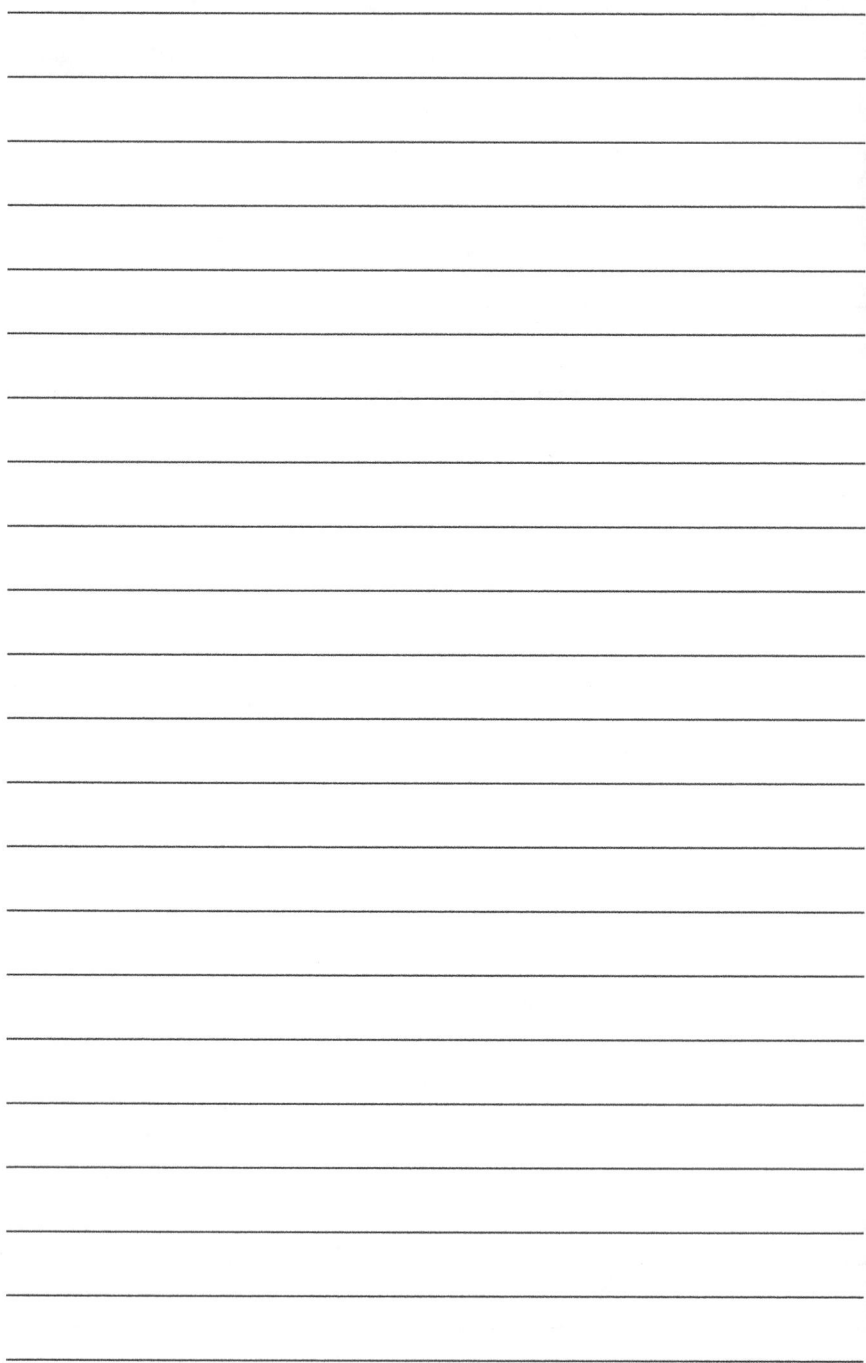

Opportunities:

_____

_____

_____

_____

_____

_____

_____

_____

_____

_____

Lessons Learned:

_____

_____

_____

_____

_____

_____

_____

_____

_____

_____

I'm Thankful For . . .:

_____

_____

_____

_____

_____

_____

_____

_____

Desires of My Heart:

_____

_____

_____

_____

_____

_____

_____

_____

_____

_____

My Daily Journey

57

Day: _____ Date: _____

Time: _____ Location: _____

_____

_____

_____

_____

_____

_____

_____

_____

_____

_____

_____

_____

_____

_____

_____

_____

_____

_____

_____

_____

_____

_____

_____

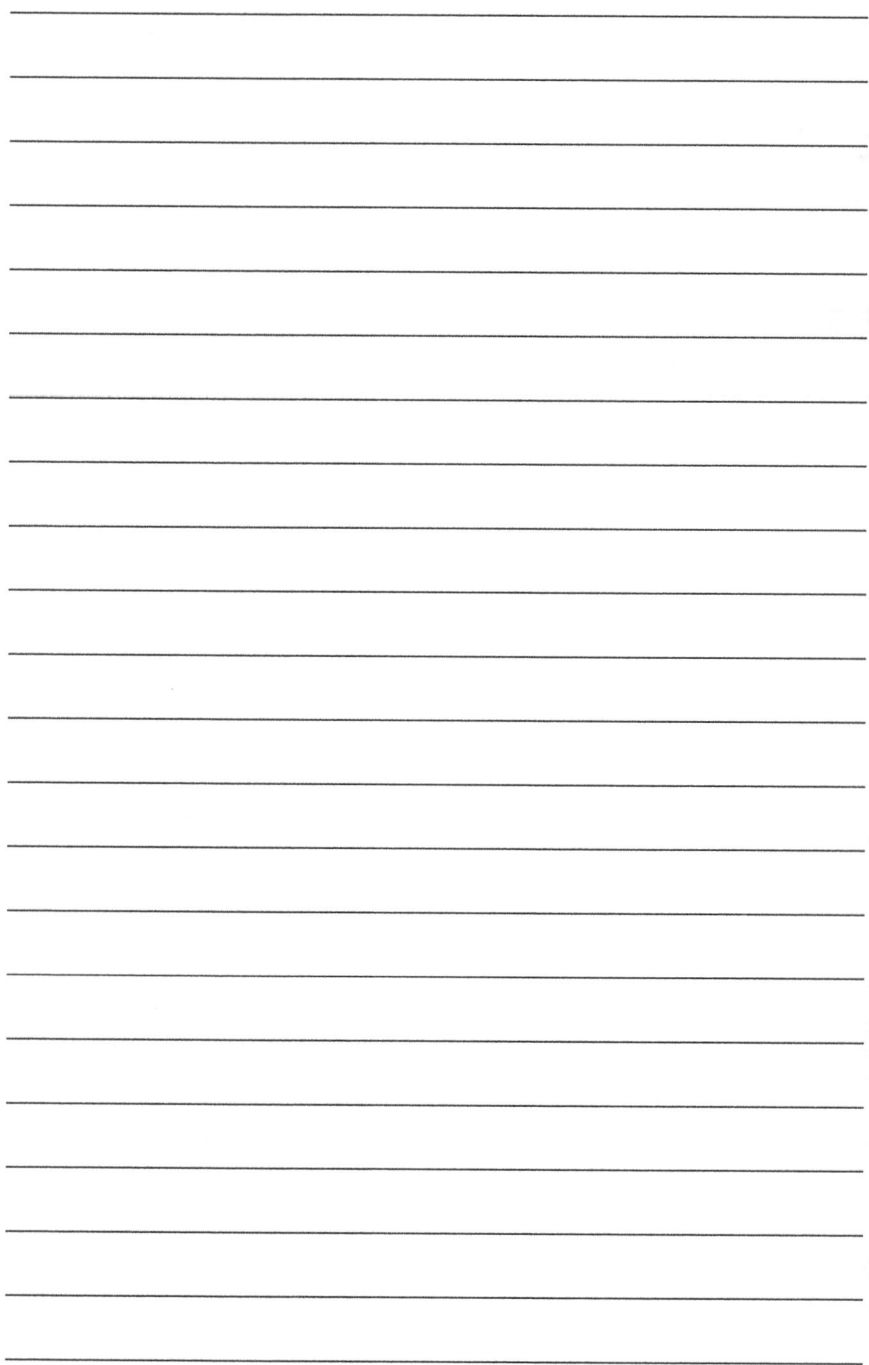

Opportunities:

_____

_____

_____

_____

_____

_____

_____

_____

_____

Lessons Learned:

_____

_____

_____

_____

_____

_____

_____

_____

_____

I'm Thankful For . . .:

_____

_____

_____

_____

_____

_____

_____

_____

Desires of My Heart:

_____

_____

_____

_____

_____

_____

_____

_____

_____

My Daily Journey

58

Day: _____ Date: _____

Time: _____ Location: _____

_____

_____

_____

_____

_____

_____

_____

_____

_____

_____

_____

_____

_____

_____

_____

_____

_____

_____

_____

_____

_____

_____

_____

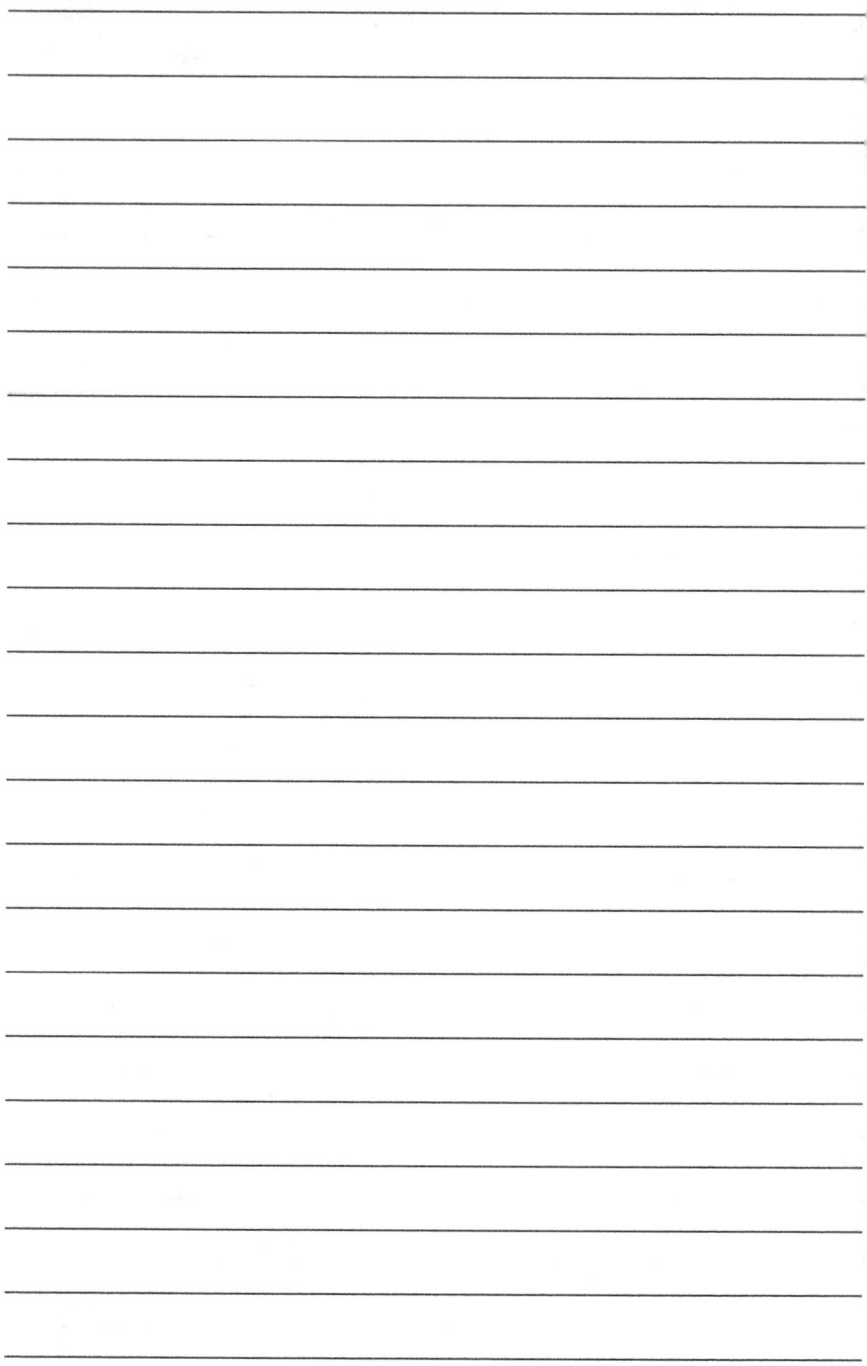

Opportunities:

_____

_____

_____

_____

_____

_____

_____

_____

Lessons Learned:

_____

_____

_____

_____

_____

_____

_____

_____

I'm Thankful For . . .:

_____

_____

_____

_____

_____

_____

_____

_____

Desires of My Heart:

_____

_____

_____

_____

_____

_____

_____

_____

_____

My Daily Journey

59

Day: _____ Date: _____

Time: _____ Location: _____

_____
_____
_____
_____
_____
_____
_____
_____
_____
_____
_____
_____
_____
_____
_____
_____
_____
_____
_____
_____
_____
_____
_____

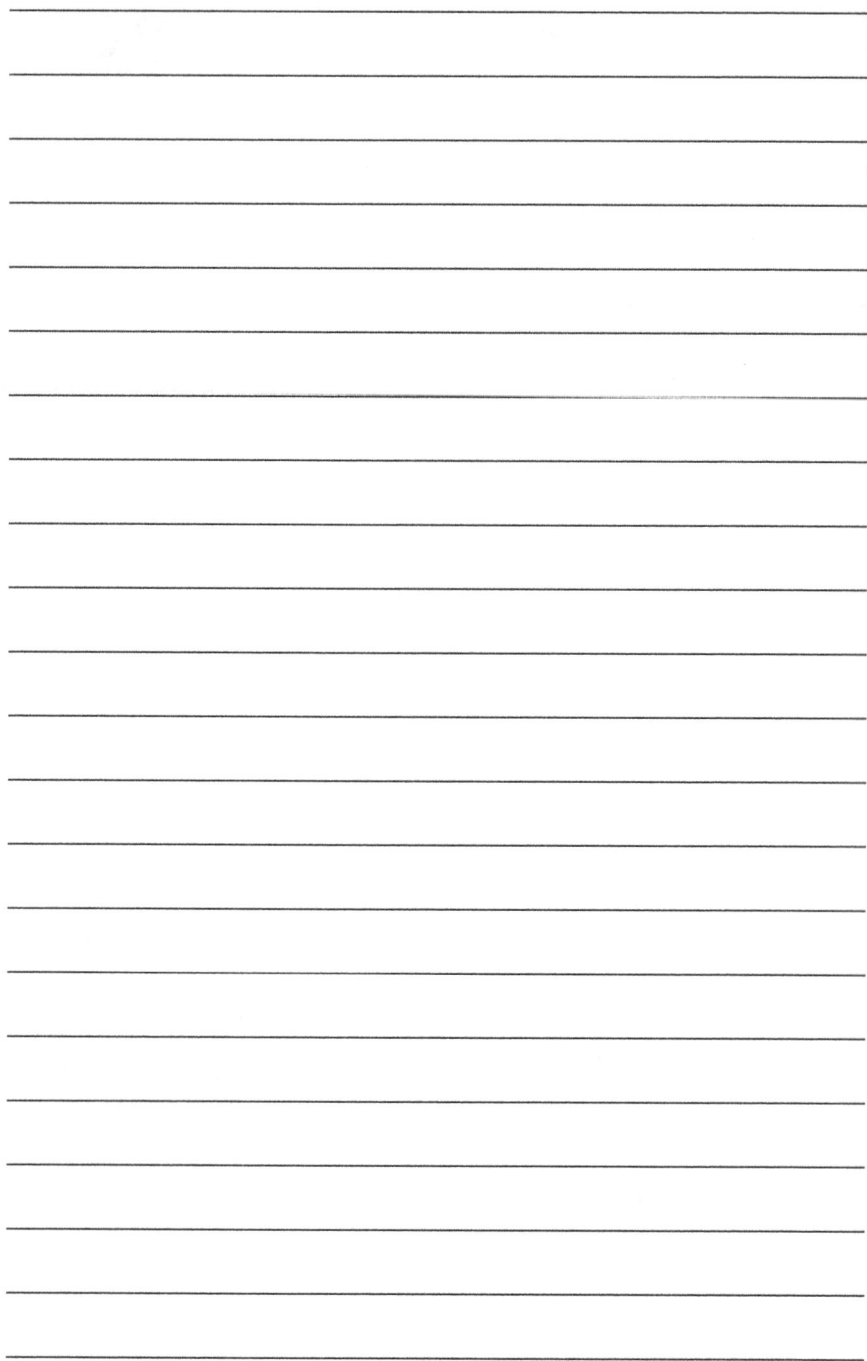

Opportunities:

_____

_____

_____

_____

_____

_____

_____

_____

_____

Lessons Learned:

_____

_____

_____

_____

_____

_____

_____

_____

I'm Thankful For . . .:

_____

_____

_____

_____

_____

_____

_____

_____

Desires of My Heart:

_____

_____

_____

_____

_____

_____

_____

_____

_____

My Daily Journey

60

Day: _____ Date: _____

Time: _____ Location: _____

_____

_____

_____

_____

_____

_____

_____

_____

_____

_____

_____

_____

_____

_____

_____

_____

_____

_____

_____

_____

_____

_____

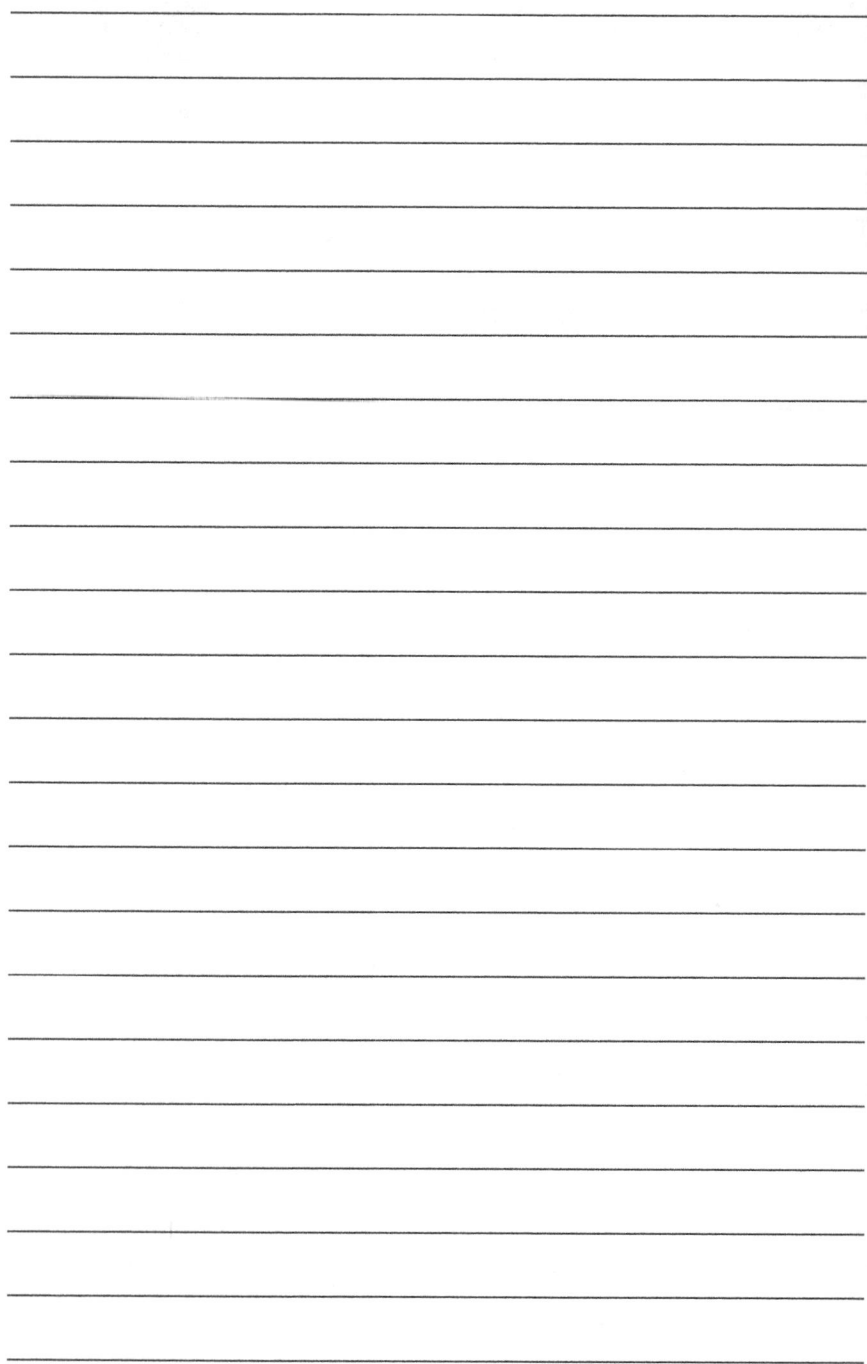

Opportunities:

_____

_____

_____

_____

_____

_____

_____

_____

_____

Lessons Learned:

_____

_____

_____

_____

_____

_____

_____

_____

_____

I'm Thankful For . . .:

_____

_____

_____

_____

_____

_____

_____

_____

_____

Desires of My Heart:

_____

_____

_____

_____

_____

_____

_____

_____

_____

www.ingramcontent.com/pod-product-compliance
Lightning Source LLC
Chambersburg PA
CBHW070824100426
42813CB00003B/477